DAS TIER MEINES LEBENS

谢谢你来到
我的生命

狗狗带给我们的治愈与改变

[德]伊尔卡·皮格拉斯 著　陈依慧 译
ILKA PIEPGRAS

北京联合出版公司
Beijing United Publishing Co.,Ltd.

图书在版编目（CIP）数据

谢谢你来到我的生命：狗狗带给我们的治愈与改变 /
(德) 伊尔卡·皮格拉斯著；陈依慧译. -- 北京：北京
联合出版公司, 2024.9
　ISBN 978-7-5596-7572-9

　Ⅰ. ①谢… Ⅱ. ①伊… ②陈… Ⅲ. ①人类—关系—
动物—哲学—通俗读物 Ⅳ. ①B-49

中国国家版本馆CIP数据核字(2024)第077570号

Originally published in German under the title "Das Tier meines Lebens. Wie mein Hund aus mir einen anderen Menschen machte" by Ilka Piepgras © 2022 by DuMont Buchverlag, Köln
Copyright licensed by DuMont Buchverlag GmbH & Co. KG arranged with Andrew Nurnberg Associates International Limited

北京市版权局著作权合同登记号：图字01-2024-1481号

谢谢你来到我的生命：狗狗带给我们的治愈与改变

著　　者：[德] 伊尔卡·皮格拉斯
译　　者：陈依慧
出 品 人：赵红仕
责任编辑：徐　鹏
特约策划：陈　静　于　雪
封面设计：WONDERLAND Book design
　　　　　仙境 QQ:344581934
装帧设计：季　群

北京联合出版公司出版
（北京市西城区德外大街83号楼9层　100088）
北京联合天畅文化传播公司发行
北京中科印刷有限公司印刷　新华书店经销
字数170千字　880毫米×1230毫米　1/32　7.5印张
2024年9月第1版　2024年9月第1次印刷
ISBN 978-7-5596-7572-9
定价：45.00元

人在养狗，狗也在养人

　　编辑《少有人走的路》时，书中有段对话给我留下了深刻印象。一位 15 岁的少年不幸患上了严重的抑郁症，他的眼睛和嘴角没有一丝生气，整张脸看上去就像集中营中的囚徒——茫然、冷漠、绝望。

　　在谈话治疗中，斯科特·派克问他："从小到大，你有属于自己的宠物吗？"

　　"没有。"少年一边用手指抠着已经溃烂的疮疖，一边回答。

　　这一问一答不禁让我产生了诸多疑问：为什么斯科特·派克特别在意抑郁少年养没养宠物呢？养宠物对于孩子心灵成长有什么作用？如果那位少年拥有属于自己的宠物，比如一只狗，是不是就有可能避免得抑郁症呢？

　　这些问题一直萦绕在我心中，没有满意的答案。后来，我们引进了一本回忆录《被偷走的人生》。书中记录了一个发生在美国的真实故事：11 岁的小女孩杰西不幸被绑架，沦为变态狂的性奴。在暗无天日的地窖中，她惨遭囚禁、毒打和强暴，无时无刻不生活在恐惧、孤独和绝望中。18 年后，杰西被解救，当被问及如何熬过那段地狱般的日子时，她说，其中一个方法就是在有限的空间里养狗、养猫、养鹦鹉，在与这些小生命的互动中，她获得了抚慰、勇气和力量。

杰西的故事让我确信，养宠物对于人的心理健康有着不可忽视的作用。

如今，我们引进的这本《谢谢你来到我的生命：狗狗带给我们的治愈与改变》则具体描写了养狗是如何治愈和改变一个人的。作家伊尔卡·皮格拉斯是一位 50 多岁的德国女性，从小时候起，她就患有社交恐惧症，喜欢独来独往，长大后性格孤僻、冷漠、矜持，总想把一切掌控在手中，"因而难以放松下来，享受当下，很容易紧张、焦虑"。起初，她是为了孩子才养的狗，但最后她从狗狗身上获得的，比孩子们还要多。她描写了狗狗如何让她打开心房，变得感情外露、平易近人，更具人情味。还描写了不会说话的狗狗，如何让她领悟人生的真谛，从而治愈了紧张和焦虑。她在书中写道："狗狗以一种让我吃惊的方式投射着我，刷新了我对自我的认知。只有在和另一个生物的互动中，一个人才成为他自己。"

狗与主人的互动是全方位的，有时甚至匪夷所思。记得小时候邻居伯伯养了一只狗，后来伯伯左眼受伤，失明了，没过多久，他养的那只狗的眼睛也瞎了一只。从那之后，我时常在家门口看到这样一幕：一位独眼的老人在前面走，身后跟着一只独眼的狗。

疫情期间，我们也养了一只狗，妻子每天遛狗，认识很多狗友。一天，我说起儿时那件事，本以为妻子会感到难以置信，谁知她回答说："这有什么奇怪的，我的一位狗友是个瘸子，而他养的那只狗也模仿他，走起路来一瘸一拐。"

狗与人的互动如此深刻，又如此神秘。人在养狗的同时，狗也在养人。如今，我与妻子养有一只雪纳瑞，而女儿也养了一只伯恩山贵宾。养狗的经历让我认识到，虽然我们养的是狗，却能让人的心智成长，体会如下——

一、狗对人的回应，本身就是治愈

人需要回应。孩子说的话需要得到父母的回应，妻子说的话需要得到丈夫的回应……得不到回应，人会备感失落、沮丧、孤独和痛苦。英国心理学家温尼科特说：无回应之地，即是绝境。

养狗最大的益处之一，在于狗狗能随时随地回应你，它对你完全不设防，依恋你、信任你。即使你被生活弄得污秽不堪，全身散发出令人掩鼻的恶臭，回家之时，狗狗也会欢快地摇着尾巴，迎面扑来，丝毫不嫌弃；即使你感觉自己被全世界抛弃，自卑到尘埃，狗狗也会不离不弃。你与狗狗建立起来的这种关系本身就具有强大的治愈力。

所以，很多时候，我们被嫌弃的人所伤，被不嫌弃的狗治愈。

正如犹太诗人格特鲁德·斯坦因所说："我之所以是我，是因为我的小狗认识我。"

二、一个人想要的松弛感，可以从狗身上得到

当你"驯养"一只狗时，你就是在与它建立深度联系。

关于"驯养"，《小王子》中有一段精彩的诠释——

"什么叫驯养？"小王子问。

"驯养就是建立联系。"狐狸回答。

"那我应该做些什么呢？"小王子问。

"应当非常耐心，"狐狸回答道，"开始你就这样坐

在草丛中，坐得稍微离我远些。我用眼角瞅着你，你什么也不要说。话语是误会的根源。但是，每天，你坐得靠我更近些……"

驯养让狗与人的关系越来越近，以至于敲开心扉，直抵你的内心深处，此时，狗狗以自己全然的存在触碰你、感动你、温暖你，融化掉你所有的外壳和防备，你将变得轻松、柔软、喜悦。

以我为例，我与本书作者伊尔卡一样，背负着厚厚的外壳，是一个容易紧张、焦虑的人，可是当那只雪纳瑞把它的头放在我腿上，眼睛直勾勾看着我时，我的心瞬间被融化，能忘记所有烦恼，体会到一种难得的松弛。

三、学会如何养狗，便明白该怎样爱人

刚养狗时，为了避免狗在家中随地排便，我会在外面疯狂地遛狗，一遛就是好几个小时。但狗似乎故意与我作对，遛它几个小时都不排便，一回到家中，乘我不备，就拉了一坨。

后来，我发现狗特别有灵性，当我疯狂遛狗的时候，它能敏锐地感受到我的紧张和焦虑，并跟着也紧张焦虑起来。设身处地想一想，人一紧张就容易便秘，狗

何尝不是如此呢?

养狗另外一大益处,是能够让人站在狗的角度去观察,培养同理心。

遛狗时,狗绳的长度,恰好是观察的距离。饶有趣味的是,观察狗,能够给人带来觉知,因为我们的内心总是会投射到狗的身上,我们的紧张、焦虑,以及抑郁,狗都有所反应。当我们观察狗,学会如何养狗时,也就懂得了该怎样爱人。

我有时会想,如果有重新选择的机会,我会在养孩子之前,先养一只狗;同时,也会鼓励女儿从小就拥有属于自己的狗,以此培养同情心和责任感。

我特别喜欢下面这段文字:

将内心打开,你将被拯救,如若不然,你将被摧毁。

如果你感到孤独、抑郁,或焦虑,心不能被人打开,请尝试养一只狗。

当你全然接纳一只狗时,你的心也就向这个世界敞开了。

涂道坤

目录

序章

我有一只英俊的狗。

它的名字叫作托奇，它非常喜欢詹姆斯·邦德系列中的经典老片，以及护手霜的味道。当它躺在厨房的地板上时，如果做饭的动静太大，它还会郑重地叹口气以示抗议。

它有着细长的腿，黑色的身体健壮结实。下雨时，耳朵上松软的黑色毛发会蜷起来，变成很酷的卷毛。当它身处黑暗时，白色的胸毛会亮得发光，就像交响乐队成员的燕尾服衬衫。它的皮毛摸起来像羊绒毯子一样柔软，随着季节变化，还会散发出不同的香气，有时候闻起来像新鲜出炉的面包，有时候像森林里潮湿的泥土。它的大腿膝关节以上是黑色的，以下是秋叶一样的棕红色，爪子是白色的，搭配起来就像是穿了时髦的过膝袜和平底鞋。

它有时喜欢仰面向上躺着，在空中不断伸展双腿，兴奋地把头转来转去，享受着被人挠肚子的感觉。有时它会站在斜坡上，霸气地挺起白皙的胸脯，宛如狮子王一般威风。这种孩子气的肆意和成年人般的沉着，成为它性格中的不同侧面。

前几天，我在花园里栽种了一株植物。当我用手在地上挖洞时，托奇把它的鼻子伸了进去，似乎对我跪在地上挖土这件事感到高兴。我顿时感觉自己是在做正确的事，并且得到了认可。狗狗就像是我的内心投射，让我感到安心。记得在某个冬日的早上，我和托奇一起去森林里散步，地面上铺着白色粉末般的霜，托奇穿过灌木丛，发出沙沙作响的声音，它呼出的热气在寒冷的空气中凝结，像是云朵。它像小浣熊一样挖掘长着草的土壤，咕噜声和鼻息声打破了寂静。我继续往前走，要是发现它没有跟上，我就转身喊它一下。这时它会猛地停止追踪气味，然后朝我冲过来。奔跑时，它松软的耳朵上下摆动，腿像赛马奔跑时一样倒换。

当它向我跑来时，我突然想到，这世界上有这么多狗，但只有它能随时随地回应我，让我感受到满满的、温暖的归属感。我知道，人的情感和行为需要及时得到回应，得不到回应，不仅没有归属感，还会感到失落、沮丧和愤怒。长期得不到回应，心就如同掉进冰窟中，寒冷而孤独。养狗之前，一位心理医生告诉我，狗狗有助于缓解焦虑和抑郁，他的很多病人在养狗之后，病情得到了缓解，有的甚至痊愈。过去，我对这位心理医生的话不以为然，现在却深信不疑。

那天早晨，我与托奇并肩走了一会儿，它冰冷的鼻子时不时会贴着我的手、戳我攥着的拳头，直到我终于展开了手，它轻轻地将我指间的香肠一下叼走。此情此景，让我深切感受到，即使我被全世界抛弃，托奇也会对我不离不弃，我与狗狗建立起来的这种关系本身就具有强大的治愈力。

Das Tier meines Lebens

第一
部分

一切的开端

　　谁能想到，我容易紧张、焦虑的毛病竟然被一只狗治愈了。

　　当我的哥哥听说我想养狗时，他忍不住揶揄道："你？养狗？"我们俩成长于20世纪七八十年代，时代在我们的身上留下了深深的烙印。在我们长大的小镇上，花园是一片拥有丰富动植物的土壤，但是，当时的我却认为，一座理想的花园应该配备有精致的屏风，有裸露的混凝土板，有玫瑰和常青树，当然，还要有由许多花坛合围成的边界，以及大片空旷的土地。那时候，我觉得户外活动就是各种体育运动或娱乐表演，要不然就是坐车途中看看高速公路上的绿色植物。父亲称我们兄妹是唯物主义者，现在回想起来，他说得真没错。

　　哥哥比我大两岁，他和我在动物的问题上都持保留态度。记得我8岁那年，父亲的一位同事是大学里的一名医生，他让我们挑选两只实验室的老鼠来养。我们确实去挑了，并且还给它们分别起名为"小胖"和"笨笨"，但热乎劲儿一过，我们就失去了兴趣，很快又把它们送回了实验室。对我来说，实验室里刺鼻的气味留下的印象可比那两只老鼠要深。几年后，我养了一只叫"小胖子"的豚鼠，这次我投入的感情更多了一些。"小胖子"的皮毛呈灰褐色，带有螺纹，性格非常活泼。每隔几周，我就会去木匠那儿取一袋木屑，认真地帮它清理小窝。但某天早上，"小胖子"躺在木屑上一动不动了，不知是否因为我喂了它太多食物才导致了悲剧。

很多年过去，当我在一次治疗中提到我想买一只狗时，我的整骨医生立刻皱起了眉。她告诉我，她养过一只边牧，为了狗狗能度过适应期，她还请了几周的假守在家里。她对我说："养狗意味着一个严肃的承诺，你确定想要承担这样重大的责任吗？"不，我确实还没想好。

我出生于1964年，并逐渐成长为一个擅长理性思维，甚至有些冷漠的都市人。在很长一段时间里，我跟动物、植物都只有理论上的联系，以至于我这方面的常识异常匮乏。我宁愿去看电影，也不愿去逛花园，而我了解动物的途径，基本只有《神犬莱西》（*Lassie Come-Home*）之类的书籍或是《狮子达科塔里》（*Lion Daktari*）这样的电视剧。我去动物园的次数屈指可数，也没有张贴过一张可爱猫咪的海报，我一度认定自己不可能从动物身上学到任何东西——它们没有什么可以与我交流的，毕竟它们连人话都不会说。现在想来，我是多么傲慢啊。

从很多角度看，我都不是养狗的合适人选。我以前一直觉得，孩子或老人更适合养狗，而和他们相比，我要么太年轻，要么太老了。如果我是一名已经退休的女性，一周内会有不少时间可以散散步，或者是跟狗玩扔球的游戏，但是作为一名有着两个青春期孩子的职场妈妈，我可没空理会这些。先生和我都是记者，需要经常出差，在如此忙碌的生活中，我们似乎不可能再有闲心养一只狗的。一想到自己有一天会一边拎着一堆狗罐头，一边打电话预约兽医，顺便还要清理狗狗制造的污垢，我就感到压力重重。尽管我时常觉得自己被时间推着走，每天疲于奔命，但对于现有生活的状况，我还是挺满意的。

并且，在养狗方面我还缺乏可以借鉴的榜样。和我关系不错的同事都没有养过狗，即使在我的亲朋好友中，也只有极少数的人养过狗。我跟狗狗没有任何交集，对它们也不感兴趣，我觉得小狗吵闹，大狗吓人，在成长过程中，我唯一熟悉的狗是父母的朋友养的一只纽芬兰犬，但我被它流口水的嘴巴恶心到了。

有时候，我正在花园的篱笆边走着，一只狗突然出现，叫声把我吓了一大跳。养狗对我来说更像是件麻烦事，我很担心狗会给我的生活带来混乱。我是那么手足无措，以至于在狗搬进我家的前一天，我都不确定自己是否真的想养它。

现在回想起来，养狗之前的我只看到了责任，却没想到养狗有那么多益处。我是一个过度理性的人，无论做什么事情，都倾向于仔细分析，总想把可能出现的情况完全掌控在自己手中，因而难以放松下来，享受当下，很容易紧张、焦虑，但谁能想到，我的这些毛病竟然被一只狗治愈了。

多年来，我一直抵制着孩子们想要养宠物的愿望。在我的双胞胎孩子还小的时候，他们养宠物的愿望还没有那么强烈。但后来我们去了奥地利的山区（那是我先生的家乡，我们时不时会去那儿住一阵子），孩子们非常喜欢高山旅馆里的猫，他们用双手捧着小猫咪，小心地搂在怀里，这情景让我这种对宠物无感的人也感受到了温馨和治愈。

在他们10岁那年的圣诞节，我的儿子非常想要一只猫，于是我开始在网上搜索信息。受到朋友家那只奶油色波斯猫的启发，我搜索了几十页纯色长毛猫，我觉得如果我们确实要养一只宠物，它理应非常漂亮。后来，我完全被缅因猫迷住了，这种猫体格强壮，皮毛厚密，尾巴非常浓密，而且性情温驯，它被称为"最像狗的猫"以及"温柔的巨人"。我搜索到了一位柏林猫咪繁育员的广告，对方展示出的小猫照片非常讨喜，其中有两只幼猫可供购买。

约好时间后，我和先生一同前往位于柏林北郊的曼基仕居住区。我们乘电梯到了16层顶楼，我心想，在这种地方养猫真是有点奇怪。一个男人为我们开了门，就在我们互相打招呼的时候，我的目光落在了屋内一个树木造型的巨大猫爬架上。架子的顶端，有一只长毛猫正颇具威严地伸展着它的身体，毛茸茸的尾巴与身体平行，金黄色的皮毛上有着棕色的条纹，它甚至还给了我们一个挑衅的眼神。我觉得自己看到了一只巨大的老虎，它潜伏着，仿佛随时都会从猫爬架上一跃而下，然后咆哮着用爪子划过我们的脸。我问繁育员："猫会长到这么大吗？"他点点头。于是我们就转身回家了。那一年儿子的圣诞节礼物依然是乐高积木，养猫的事就此翻篇。

又过了几年，孩子们提出想养一只狗。我一直试图回避这个话题，或者是语气含糊地把养狗的可能性推迟到未来。孩子们养宠物的热情时而平息，时而又燃烧起来，我也不得不一次又一次进行"镇压"。有一次，女儿申请了一所学校，为了激励她备战入学考试，我们模棱两可地说可以考虑养只宠物，那时候孩子们已经十几岁了，所以，让我们白纸黑字地把这个允诺写下来。如今距离女儿通过考试已经过去了几年，我们依然没有养宠物，而那张纸还挂在厨房的门口，无声地提醒着我们还未兑现承诺，这让我觉得很过意不去。

真正的转折出现在 2017 年的秋天。几天之内，孩子们的祖父和外祖父相继去世，我们感觉急需做点什么来帮助这个家渡过难关，最终，全家一致做出决定：养一只狗。这时，孩子们刚刚度过了 15 岁的生日，我觉得照顾动物能教会他们什么是责任感，而且，两个孩子也都答应了会在上学前轮流遛狗。当然，当十几岁的孩子特别想要一只狗时，通常都会随口承诺，可是作为母亲，我总是很乐意相信他们的话。顺着孩子们的愿望，我滑入了一个有狗狗的平行宇宙：我们养狗是为了孩子们。至少我是这么告诉自己的。

当我同意养一只小狗时，我已经 50 多岁了。我不知道这个决定意味着什么，毕竟像我这样的人，是不会指望养狗后的生活多么翻天覆地且丰富多彩。而事实上，有狗的生活是一种生活，没有狗的生活是另一种生活，就像有孩子前后的生活截然不同一样。第一只狗是一个突破点，也是一个转折点，会带来极其剧烈的转变。

在我养狗后，一位朋友写信给我说："作为对狗敬而远之的人，我实在不明白你为什么把这么多的关怀、兴趣和注意力都放在动物身上，而不是其他人身上。"起初，我觉得她的话冒犯了我，但马上我意识到，这些话似曾相识，几年前的我不也抱有一样的想法吗？从记事起，我就想通过智力主宰自己的生活，而并非感受。直到某一年我在大西洋沿岸感受了一次惊涛骇浪，我的所有感官都体会到了扑面而来的震撼，在那一瞬间，我才明白自己是浩瀚宇宙中的一个渺小存在。也是从那一刻起，我感觉自己踏上了一条归途——回到混沌的虚无中，回到我最初来时的地方，无论那究竟是什么地方。

现在的我无比渴望自然，我想要快速体验整个世界，想要弥补自己错过的精彩。但我没有想到的是，在这个过程中，狗狗对我产生了始料未及的巨大影响。2018 年 2 月，我们从繁育员那里接回了我们的狗，我的生活似乎变得完整了，此后，狗逐渐成为我的灵魂媒介和良师益友，而本书记录的，正是我转变的全部过程。

正式决定

担忧让我不敢付诸行动，而大多数担忧，都是自己想象出来的，根本不会发生。

当孩子们明白这次我们是真的想要养狗时，他们开始不断给我们发送狗狗的视频和照片作为鼓励，甚至还分享了一篇关于养狗人士更不容易罹患心血管疾病的文章。一开始，我儿子提出想要一只圣伯纳犬，因为我们的邻居就有一只叫蒂菲的圣伯纳犬，它又高又壮，站起来的时候，人可以靠在它身上。它几个月才会叫一次，声音洪亮，辨识度很高。但我觉得圣伯纳犬太大了，于是儿子转而想要另一个类似的品种：伯恩山犬。

有生以来，我第一次开始注意身边的狗狗。在树林里散步时，我跟一位女士攀谈了起来，我喜欢她大狗狗的蓬松毛发——我认出来了，这是一只英国牧羊犬。我特意买了一本关于犬种的书，并且喜欢上了波利犬（匈牙利牧羊犬），它长着齐地长的、打绺的毛发，很像洗车行里的抹布刷。这种狗狗很上镜，社交平台上总能看到它们的漂亮照片，但在现实生活中，这种狗却并不常见。

随着时间的推移，我们对养狗的想法越来越具体：它应该是一只真正的大狗，又大又可爱，而不是一只小狗，也不是那些大家觉得好养活且流行的杂交犬，比如金贵犬（贵宾犬和金毛的杂交犬）或者雪贵犬（雪纳瑞和贵宾的杂交犬）。

某天下午，我们开着车，看到一位女士在人行道上牵着一只伯恩山犬。一阵激动的欢呼雀跃后，我们赶紧把车停在路边，跑去看狗。这只狗狗平静地接受着四个陌生人对它的观察和抚摸，主人也非常随和放松，耐心地回答了我们所有的问题。她介绍道："这只母犬不怎么掉毛，只需要在每年换毛季的时候一天刷两次毛就行，而且它也不会再长得更大了。"她告诉我们，这已经是她养的第四只伯恩山犬了，"一旦你拥有过一只伯恩山犬，你就不会再想养别的狗了。"

回到车上，我们一致觉得，伯恩山犬简直就像是从绘本里走出来的家养犬——就是它了。当我们做出这个决定时，我觉得命运似乎开启了某扇大门。我特意记下了那位女士的电话，并在第二天打电话询问她的狗是从哪个繁育渠道购买的。通过她的推荐，我和汉堡的一位繁育员取得了联系，可惜当时他没有任何幼崽了，于是我重新搜索了协会和俱乐部的网站，试着寻找其他的繁育员，但只有萨克森州的一个村子里剩下一只小狗。当我们收到照片的时候，就立刻明白了原因：伯恩山犬黑色、白色和棕褐色的三色特征在它的脸上模糊不清，它的鼻子下方还有着一道黑线，有了这个"胡子"，它看起来就像一个小独裁者，不经意间透着滑稽。我们一度很想接受这只狗，但是后来还是决定放弃。我想，既然要养狗，那就选一只最喜欢的吧，但也许，我只是想再给自己一点时间。尽管没有选择"小独裁者"，但它给我们全家都留下了深刻的印象，即使到了现在，我儿子还会时不时问它怎么样了。

随着寻找幼崽的时间越来越久，我也越来越习惯"我们应该养只狗一起生活"的想法，满心欢喜地期待着这场冒险。在圣诞节的前夕，事情突然进展神速，有人给我推荐了斯图加特附近的一个繁育渠道，那里有只母狗刚刚下了窝崽。我与对方进行了长时间的电话沟通，两位繁育员想了解我们是否有花园，以及我们的工作时间是怎么样的，然后，我们被邀请在辞旧迎新之际去和小狗见面，对方建议将时间定在当年的 12 月 27 日或来年的 1 月 2 日。

但是，一想到具体的日期，我却不知所措起来。我感到了责任的沉重，我还想到了铲屎等各种可能遇到的麻烦事，突然之间，我有点儿不相信自己能胜任挑战了！这让接下来的见面也变得让人担忧，成了难以逾越的障碍，于是，我找借口取消了这次会面。孩子们自然感到很失望，但却出乎意料地很平静，毕竟他们还没见过小狗，不知道自己错过了什么。但或许，他们潜意识里知道我还没有下最后的决心。

几周之后，在新年伊始的时候，我又忍不住去浏览了繁育员的网站，发现发布了小狗的新照片。粉红色的小不点已经长成了可爱的小狗崽，它们躺在婴儿秤上，萌萌地看着镜头，扑闪着圆圆的大眼睛，耳朵软软地耷拉着。我的心顿时被击中了，而且，我了解到目前还有两只小狗待选：小棕和小黑，是这窝里剩下的两只雄崽。我终于放弃了抵抗。

我们决定接受这两只狗崽中的一只。由于路途遥远，我们不再费时约看了，而是和对方约定好在 2 月底直接带狗回家。那段时间，我的脑海中经常浮现出这样的画面：一只狗躺在门前，在阳光下眯着眼睛，我抚摸着它的毛发，然后给它准备食物，就像田园诗里那样安静美好。

我们最终选择了小黑，反正两只狗狗都是雄性，所以性别上不需要纠结，正好家里的男人们也都想要一只公狗。我倒是对狗的性别无所谓，我不知道公狗跟母狗在行为上有什么差异，而且觉得就算有差异，也不可能差得太大，毕竟它们都是狗。

从约定好时间，到去接狗之间还有 6 周，我有很多准备工作要做。我减少了出门，将储藏室装得满满当当，我去了理发店，还取消了狗狗初来乍到那一阵子的各种约会，我甚至还做了一个狗窝，这些让我想起了自己生孩子之前的日子。考虑到狗狗的爪子带来的破坏，我们用结实的剑麻地毯覆盖了客厅的木地板。我从一家精品宠物店购买了一根红色的项圈和牵引带，还有一个超细纤维的狗垫，这是一种吸水性很强的垫子，广告里说它可以节省时间并减少麻烦。我还准备了一些适合小狗的毛绒玩具，作为欢迎它到来的小礼物。

然后，我买了个便携宠物箱放在车上，这是繁育员建议我们买的。我一开始买小了，后来又买大了，直到第三次，我才买到了合适的尺寸。箱子的内衬是柔软的皮革，为了确认是否舒适，我自己还爬进去体验了一下，当时我还不知道，自己会是唯一一个进入这个箱子的生物，因为我们的狗完全拒绝走进箱子。说起来，这是我对狗狗做的第一个误判。

在狗狗搬进我家之前，我特意咨询了该如何遛狗，还让朋友给我推荐了几所狗狗学校。就像带孩子时我会多打听几个金牌保姆的电话，手头多几个选择，总会让我安心些。

在接狗的前一晚，我睡得很不安稳。我真的要在家里养一只狗吗？这可真是一场冒险啊。看见了吗？过度理性的我总是过度分析，过度担心，以至于即使做了决定，依然摇摆不定。

为了节省时间，我们决定在去程时乘飞机，回程时租车。当我把便携宠物箱折叠起来登上飞机时，感觉自己就像一个去开董事会的商务精英，手里拿的是我的公文包。在飞行的过程中，我第一次翻阅了小狗训练指南，就像我以往对待新事物的习惯一样，我试图通过读书来了解狗狗。但这次并不奏效，因为书里的理论内容实在难以理解，尤其是那个 8 周强化训练计划，更是刻板老套，不切实际。我决定用实践代替理论，于是，我把书塞回了背包里。

主角登场

当狗狗抬起头来看我时，我的心瞬间被融化，完全丧失了抵抗力。

繁育员的房子位于一片非常安静的住宅区里，紧挨着一块绿地，没有任何迹象表明这里住着一群狗狗。但是，当我们接近入口时，一阵突然响起的犬吠声迎接了我们。五只巨大的黑色动物跳到了车库入口的栅栏处，用爪子扒拉着金属栅栏，活像五只张着大嘴、牙齿锋利的怪兽。

我兴奋地猜想它们中间是否有我的狗，但片刻之后，当我们被带到室内，我才意识到之前的想法有多荒谬——当我走近时，一个毛茸茸的小家伙颤抖着躲了起来。这个小毛团才是我们的狗。

和我们同行的，是我先生在之前婚姻中生的两个女儿，当时她们已经 25 岁了，是一对双胞胎。当我还在走廊上犹豫不决，思考着要怎么才能接近小狗时，她们俩已经坐到了小狗所在的房间里。当我进入房间时，她们已经巧妙地将小狗从藏身处逗引了出来。这个受惊的黑白色小毛团拥有一双大眼睛，当它抬起头看我时，我的心瞬间就被融化了。

房间空空荡荡的，地上铺了床单和毛巾，放着盛水和狗粮的碗，另外就只有几块为防止毛巾移位而放置的大石头。这只小狗是一窝八只狗中的最后一只，它比毛绒玩具大不了多少，却显得异常睿智而成熟。它严肃的表情让我吃惊，虽然它的身体一直在动，但表情却始终如一。

这个小家伙活像一只可爱的熊宝宝，我正思考着是什么让它如此迷人，女孩子们已经热情地抱住了它。繁育员靠在门框上，看着这一幕说道："它超级喜欢被抚摸。"于是，我把狗狗放到自己腿上，抚摸着它柔软的皮毛，感受它的温度和怦怦跳动的心脏。它停留了片刻，然后蜷缩起来，一溜烟地跑开了。

我们就这样坐在地板上，轮流跟狗狗互动了一阵子。它很享受我们的喜爱，在我们中间挤来挤去，偶尔喝喝水、撒撒尿，或者用粉红色的舌头舔舐着自己的嘴巴。

随后我和先生去了隔壁的客厅，边喝咖啡，边吃蛋糕。繁育员已经准备好了一个文件夹，里面整齐地放着购买合同和血统证书，以及繁育员精心总结的关于如何照顾狗的资料。我们还收到了一张宠物证，这是一本带有蓝色欧盟旗帜的精美小册子，证件号码是宠物的一种身份证明，以前，人们会把号码文在宠物的耳朵上。回家后，我把宠物证郑重地放在抽屉里，和我们的护照在一起。

宠物证上清楚地标示了所有需要接种的疫苗和接种情况，还有一串 15 位的微芯片代码。兽医在狗崽出生几周后，就会将一枚微芯片植入小狗脖子处的皮肤下，这枚芯片大约有米粒大小，可以用扫描仪读取，这样狗狗和疫苗卡就可以相互匹配，且不会有伪造的问题。在柏林和其他一些联邦州，微芯片是强制性的，此外，每个狗主人还可以自愿选择是否将识别号输入一个名为 Tasso 的数据库中。Tasso 协会管理着欧洲范围内的动物数据，如果宠物丢失或被盗，将更便于识别。

我坐在繁育员的客厅里，听着她嘱咐各项事宜，只觉得自己一时真消化不了这大量的信息，况且，我的心还停留在隔壁那只又小又软的小家伙身上。不仅如此，餐桌前的一只成年母狗也让我时常分心，那是一只优雅、硕大的狗，也是我们狗狗的妈妈，它的名字叫作可可香奈儿。我忍不住想，等我们的小狗崽长大后，也会这么大吗？

过了好一阵子，我才开始集中精力处理这些事宜，而那份合同直到后来回家后我才仔细阅读了一遍，里面有一句很有意思的措辞："在交付之前，买家可彻底地检查狗，并检验任何可见的缺陷。如果买家在一周内发现狗存在任何疾病，可以选择撤销合同。"这顿时让我想起了多年前买二手车的经历。

到繁育员家的那天下午，我们就踏上了回家的旅程。我的后备箱里放上了一袋10千克的狗粮，两位繁育员还给了我们一罐绿唇贻贝提取物，这东西对三个月左右的狗的骨骼有益。从此，我们就要开始为这只小狗负责了。

在屋外，我第一次真正地抱起小狗。它显得更加可爱了，而且比我想象中要轻一些，它似乎很享受被抱起来的感觉，就像我很享受抱它一样。我们轮流抱着狗拍了照，大家都感到很激动，并且很幸福。

最后告别之际，小狗和它的妈妈一起沿着绿地边的人行道奔跑，它扑向妈妈，向它表达自己的爱意，但妈妈却表现得很冷淡，仿佛已经知道接下来会发生什么。繁育员给了我们一条她用来擦母狗皮毛的毛巾，作为刚断奶小狗的气味安抚。这只小狗是繁育员夫妇繁育的第12窝幼崽，它是L字辈的一员，被暂时命名为劳林（Laurin）。我们知道未来得给它起个新名字，但无论叫什么，肯定不会叫劳林。当我们说再见时，繁育员流下了眼泪，可可香奈儿反倒没有太大反应。

去火车站的路上，女孩们轮流把狗抱在腿上。尽管我很想从她们手里夺走这只可爱的小家伙，但我还是忍住了。毕竟很快就会轮到我了，返回柏林的路途很长。

谁知到达火车站后，就在要和双胞胎女孩说再见时，我先生却临时建议："不如跟我们一起去柏林吧。"我想都没想就脱口而出："可我不太乐意。"说出这句话后，连我自己都吃了一惊。这是我第一次拒绝双胞胎，而且直到现在，这也是唯一的一次。通常情况下，孩子们享有优先权，否则再婚家庭难以和谐相处。但这一刻我是真的希望，在返程的路上能比之前任何时候都更加接近我的狗，在车上，狗狗不会逃走，也没有人会分散我们的注意力，我们会近距离地在一起好几个小时。

大家有点震惊地看了我一眼，他们没想到我会有这样的反应，但是很快，他们就明白了我的想法，两个女孩不仅理解我，而且对我的坦诚感到高兴。也是从那以后，我和女孩们更加亲密了。

回程的车上，我们一直开着收音机，电台里播放着交响乐和钢琴协奏曲，我和丈夫几乎没有说话，只有窗外的风景不断沉默地滑过。我感到有点疲惫了，但我又很喜悦，我的腿上"放着"新生活。

每隔几个小时，我们会停下来给狗狗喝点水，但它一直不肯喝。在一个休息站，我把它放在地上，也许是某辆车的前照灯太晃眼，或者是突然的噪声吓到了它，转眼它就藏到了车底下，消失于一片黑暗之中。我们吓了一跳，双膝跪在柏油路上，想用安抚的话语把它引出来，但它一声不吭地蜷缩着，像一个握紧了的拳头。它那无声的恐慌深深地触动了我，没有哭泣或者呜咽声，它近在眼前却又仿佛远在天边。

　　我干脆爬到车底下，轻轻拉动牵引带，小心地把狗拉到我身边，最后，我终于带着它走到了灯光下。当我们再次坐回温暖的车内时，它还在发抖，我把它搂在怀里，不敢想象如果狗狗从车流之中逃走，这将是个多么悲惨的故事。我的先生在驾驶车辆，而我在后座和狗狗靠在一起，尽管当时我和它都感到害怕，但我们之间也建立起了一种特殊的联系。在连夜驱车六个小时后，让我意想不到的事情发生了：这只刚离开母亲、尚在惊恐中的狗狗认可了我，它愿意让我成为它的新同伴！

　　在那之后的日子里，它也一直更愿意与我亲近，把我当成它的最佳同伴、第一照顾者和陪伴者。

　　快到家的时候，我给孩子们打了电话，告诉他们房子里只需留一点灯光，这样小狗就不会害怕了。我的先生儿时有养狗的经验，他把小狗抱到了前门，当我们进入房间时，一双儿女正于昏暗的灯光中蹲坐在地板上，身体兴奋得微微颤抖。我们把狗狗放在地上，它开始四处嗅着新家的各个角落。

这真是一个值得庆祝的时刻。

初来乍到

当时，我并不知道，我与狗狗建立起来的关系具有那么强的治愈力，让我觉察到了内心的焦虑，以及缺乏同理心。

小狗刚来的那几周，恰好是一年中最冷的日子。每天早上 6 点，闹钟准时响起，我都会把它抱到花园的黑暗处小便。一开始，它还经常在屋子里尿尿，不过令我惊讶的是，它基本会选择在走廊那处盖着毛巾的地方小便。很快，它就习惯了去屋子外面尿尿，但即使是在花园里的时候，我也不敢让它自由撒欢，而是会用牵引绳拴住它——我总是战战兢兢的，仿佛它会像虎皮鹦鹉一样突然飞到空中、穿过栅栏。面对这只性情活泼的小毛兽，我是那么小心翼翼，宛如一个给婴儿洗澡的新手妈妈，生怕它会出意外，但也可能，我是对自己缺乏信心。

一开始的那段时间，我们并没有给狗取名字，我们倒是想过一些，比如万佳、沃特森、蒙珀、波、塞普尔、维托、托尼、帕维尔，但总觉得不合适。最后，我们终于达成了一致，决定叫它托奇。

一天中的大部分时间，托奇就像一只蜗牛，蜷缩在角落里打瞌睡。偶尔，它会钻到衣帽间的棉大衣下面，就像在暴风雨中找到了避雨的屋檐。它头上的幼犬毛发笔直地向上生长，仿佛真的竖在了头上，每天，我们都要围着这位新成员，给它拍上几十张照片。

开始的几天里，家中的氛围可以用神圣虔诚来形容，全家人与世隔绝般地沉浸在自己的世界里。我们在走廊里摆了一堆枕头和毯子，大家一起躺在地板上，当然，占据中心位的永远是狗狗。它一天吃两餐，每次的食物需要控制在 225 克，这是繁育员在文件里注明的，我会用秤仔细称好重量。大部分时间，外面又冷又黑，就连今年的藏红花也开得格外地晚。

第三天的时候，我和儿子带托奇去宠物店买毛刷。这家店离我们家并不远，但是中途要穿过一条四车道的马路。到了马路前，托奇突然开始发抖，想把头从项圈里挣脱出来，而且差点就成功了。"妈妈！"儿子喊道，并用手臂搂住托奇，我们俩都不知所措。到目前为止，除了在公路旁的休息站停留过之外，托奇所看到的，只有安静的住宅街道和繁育员家旁边的户外草坪。现在，它一下子要面对马路上的嘈杂声音和往来车流，必然害怕极了。

而今回想起这件事，我难受得几乎写不下去。我无法想象自己当时有多么缺乏经验和同理心，我没能设身处地为小动物去考虑。

除此之外，在散步的时候，我们也很快遇到了瓶颈。在最初的适应期，我每天要分六次遛狗，一次最多十分钟。去散步时，我总把狗狗和自己想象成一对情侣，希望能步调一致地一起往前走，而且走得很远。但是，开始的几次散步都不顺利，每隔几分钟，托奇就会停下赖着不走，一会儿把鼻子埋进常春藤的藤蔓里，一会儿把嘴巴伸进花园篱笆的缝隙里。因为它执意要仔细嗅遍路过的每一米，所以它并不肯被我牵着走，反而想拽着我走，这让我们在出家门后通常走不了几步路。

狗狗越是不听我话，我就越是慌乱。我忙着对它发号施令："坐！""卧！""定！""来！""靠！"*"到这儿来！"就像连珠炮一样，各种声音信号和触觉刺激同时向它倾泻而出，它虽然很快就学会了听从"坐！"的口令，但对其他的口令都没反应。

还好，我至少对自己的无知尚有自知之明，在养宠

---

* 靠，训犬口令，指随行或绕着人左半圈后坐下。——译注

物这方面我需要更多帮助。我参考了书里的建议，安排了一次训犬师家访，按照书中的说法，最迟在出生后的 16 ～ 20 周，狗狗的第一阶段社会化结束，该阶段是一个重要的"学习窗口"，如果主人不从小开始训练狗狗，就将永远无法控制它，正所谓"少壮不努力，老大徒伤悲"。只不过，后来我又在著名的行为研究者康拉德·劳伦兹（Konrad Lorenz）* 于 1965 年出版的经典作品《狗的家世》（*Man Meets Dog*）中读到了完全不同的观点："通常我们在狗狗至少 7 ～ 11 个月大的时候开始进行训练。过早训练是一件残酷的事情，因为训练意味着要求顽皮好动的毛孩子必须听从指挥，安静地躺着。"我顿时不知道该更信任谁，潜意识里我更 认同劳伦兹的观点，但理智给了我压力。这种在建议和直觉之间的撕裂感像极了在孩子们还小的时候，其他母亲的建议和我自己的直觉之间的矛盾所带来的撕裂感。我感到有点紧张了。

在托奇住进我家不到一周的时候，训犬师来了。她骑着一辆摩托车，下车后直接穿过我家大厅，走进了餐

---

* 康拉德·劳伦兹（1903—1989），奥地利动物学家、动物心理学家、动物行为学家、鸟类学家、科普作家，代表作有科普读物《所罗门王的指环》，曾获1973年诺贝尔生理学或医学奖，现代动物行为学的创立者之一。——译注

厅，丝毫没有理会狗狗。我们在餐桌上填写了一份所谓"幼犬套餐合同"，然后，她问我们想要一只什么样的狗，比如看门犬还是家庭犬？在那一刻，我觉得自己最想要的是一只管教得体、不随地大小便的狗，并且，我希望教练可以指导我如何与托奇进行交流。

训犬师说，如果我们想养一只家庭犬，就要保证托奇能够进入所有房间。如果它像现在这样被限制在走廊、餐厅和厨房，那么以后只要有人来访，它就会吠叫。但在当时，我还不能接受一只尚未接受过训练的狗在房子里随意乱跑，尽管我们在楼梯前用椅子做了路障，并且关上了客厅的门，但这些措施都并非能永久有效（顺便剧透一下现在的情况：如今已经成年的托奇会和我们一起坐在椅子和沙发上，当有音乐响起时，它会躺在三角钢琴下，当我们看电影时，它也会在电视机前伸展身体）。训犬师的话营造出了一种概念：主人可以随心所欲地塑造自己的狗。可我对此却感到很讶异，因为我觉得每只狗狗都有自己独特的个性，并且在后天会得到进一步的发展，虽然有时候不得不对它们进行一些限制，但训犬师的训练模式无疑显得老套刻板了。

在与训犬师的第一次见面中，她也没有针对我们该如何跟小狗交流给出具体的建议。相反，她打开了一个装着不少图表的文件夹，很笼统地讲了讲狗狗的内心世界，比如哪些是重要的，哪些是无所谓的，而我之后的主要任务，就是要向它传达一种信息——它的食物和容身之处，都与我有着千丝万缕的联系。而它会试图从我手中夺取这些资源的控制权，听起来就像是场互相拉扯的权力斗争。

在训练的最后，我们一起走到花园里。我和孩子们排成一排，训犬师和托奇站在 10 米远的地方。她事先给了我一根狗狗爱吃的肝脏香肠，我们一喊"来"，只要它听话跑过来，我就给它喂香肠作为奖励。就这样，我们完成了第一次唤回训练，这是每只狗狗训练的重要基础。

这次会面结束后，我比之前更加不安了。显然，训犬很复杂，我知道自己接下来肯定要大伤脑筋了。我需要在很多方面调教好它，仿佛做个控制狂就可以缓解我的焦虑一样。

我与狗狗的距离

狗狗狂风暴雨般的热情，能治愈人的冷漠、孤僻，甚至抑郁。

这本书动笔于 2021 年的夏天，主角虽然是我的狗，但是在写作期间，我却想暂时回避它。

我家在柏林的西南部，附近有很多的树木和湖泊，我不担心自己的写作环境不够安静，却苦恼于自己的专注力不足。这是新冠疫情封控后的第一个夏天，我们俩已经居家办公了几个月，孩子们刚刚完成了高中学业。在居家期间，我们不仅没有出门旅行过，甚至几乎没有离开街区，那是一段艰难的、丢失了的时光。而现在，一切似乎都在重启——除了我，我始终找不到写作的节奏。

我想，也许因为我和笔下主角的距离太近了，让我一边照顾我的狗，一边还要写下它的故事，这确实很难。于是，在 7 月一个闷热的日子，我在城东的酒店订了一间房间。

酒店位于柏林中部的弗里德里希斯海因区（Friedrichshain），这里以大学生集会和派对而闻名。这里的中古店、酒吧和深夜杂货店的密度高于柏林的其他任何地方，还拥有被誉为全球第一夜店的伯格海恩（Berghain）和泰克诺（Techno）俱乐部，酒店的数量也高于平均水平，并且，由于这里的很多房子在柏林统一之后还没有翻修过，住宿价格很便宜，因此吸引了不少游客，尤其是那些想要夜夜笙歌的人。

我家在距离弗里德里希斯海因 25 千米外的郊区，是一个典型的家庭居住区，和这里形成了鲜明的对比。在我所住的酒店，经常可以看到人们坐在对面的铁路桥上，手里拿着啤酒瓶自拍。酒店餐厅的服务员都会讲英语，他们不使用菜单，而是将新鲜食材放在餐桌上的托盘里进行展示。我的房间有一张紧凑小巧的双层床，看起来就像一间学生宿舍。在办理入住手续时，酒店经理告诉我，疫情期间很多上班族都会以月为单位在酒店租房，作为自己的办公室。得知自己不是唯一一个选择离家在外工作的人，我感到很高兴。

对于弗里德里希斯海因，我并不陌生。30 年前的 1991 年春天，我就在这个区活动。当时我 27 岁，刚在慕尼黑完成了大学学业，穿着条纹衬衫和皮鞋满怀期待地来到了柏林，并成了《柏林报》（*Berliner Zeitung*）的一名年轻记者，这也是我的第一份正式工作。彼时柏林东部的报业刚刚完成了私有化，报社被西德的一家大出版商收购，即将参与激烈的市场竞争。上班的第一天，在烟雾缭绕的会议室里，我被年长的同事们上下打量着，因为在《柏林报》工作的西德人实在凤毛麟角。入职后，我在一栋没有翻修的旧楼里租了房，所在街区因为没有广告灯牌，一到晚上就一片漆黑。说起来，那时候整个柏林东部都没有广告牌，就连现在火爆的二手车市场、音像店、保险公司、购物中心、餐馆和电影院都还没有兴起。

家外写作的第二天，我在酒店附近散步，鬼使神差来到了以前住过的区域。我一下就找到了自己当年租住的房子，除了外墙的涂鸦，其余什么都没有变，我抬头望着四楼，想起了自己在那里度过的无数个奋笔疾书的周末。那时候，我刚刚开始自己的职业生涯，过着一个人的生活，只需专注自身，内心充满抱负。为了写好一篇报道，我会开车前往从未听说过的前东德城市，一路穿越陌生的风景，甚至被困在陌生的地方，要知道，在那个年代酒店可不多见。

那时的我并没有被理想主义驱使，我们这一代人没有拯救地球或投身平权运动的冲动。我们吃着香肠和白面包，只需要为自己的生活负责，我也想过自己会在某个时候组建一个家庭，生养孩子，但那是很久以后的事了，而不是现在。无论如何，那时的我从没有想过养一只狗，没有什么比这更不在计划中了。

在《柏林报》工作的日子，我还是穿着我的条纹衬衫，但摘下了自从受新教坚信礼*后就一直佩戴的家族徽章戒指。我对自己不熟悉的这部分德国十分好奇，还由此和当时的同事们进行了很多交流，时至今日，我还和其中的一个人保持着朋友关系。他比我大10岁，在20世纪90年代初的时候，我们总在他的乡野邸宅里开记者工作会议，当我的公寓需要搬运家具的时候，他还主动过来帮忙。我很喜欢这位同事身上从容不迫的气场，而我却有些紧张、焦虑。

当然，我们也会有分歧。记得有一次他生气了，起因是我挂在厨房的一幅埃里希·昂纳克（Erich Honecker）**的肖像。这肖像现在还可以在跳蚤市场买

---

* 坚信礼（Confirmation），一种基督教仪式。根据基督教教义，孩子在1个月时受洗礼，13岁时受坚信礼。孩子只有被施坚信礼后，才能成为教会正式教徒。——译注

** 埃里希·昂纳克（1912年8月25日—1994年5月29日），德国政治家，也是最后一位正式的东德领导人，曾经担任德国统一社会党总书记和德意志民主共和国国务委员会主席。——译注

到，当时我悬挂它，是觉得有点儿讽刺的意味。还有一次，我们一起去西柏林的一家餐馆吃饭，他在餐前点了一杯格拉巴酒，而我通常餐后才会点酒。当我向他指出这一点时，他嘲笑我拘泥于形式，我感到被击中了。直到我和他交流过后，我才意识到自己是个太过理性的人，轻视自己的情绪、愿望和热情，也容易忽视别人的感受。

时过境迁，一晃这么多年过去了，此刻，我已经入住酒店快两天了，而我的先生正要带着狗狗来找我吃晚饭。在酒店门口的人行道上，我隔着二三十米就认出了他们。托奇足有一匹小马那么大，它被紧紧地拴着，毛发飘逸，在人行道上慢慢地踱着步。有人骑着电动车从它身边飞驰而过，还有一群年轻的女孩儿正在拍照，它就像是文明城市中的小野兽，被"光滑皮肤"围观的"毛茸茸"，这个世界里的新鲜访客。

这片街区和托奇熟悉的地方气味十分不同，一开始它走得很纠结，不过很快，其他狗狗尿液灌溉过的墙壁让它逐渐大胆了起来。然后，它认出了我，下一秒，它那将近50千克的身体开始发力前冲。我居然放下一贯的矜持，也朝它跑了过去。它跳起来扑在我身上，嘴巴衔住我的小臂，却没有任何一颗锋利的牙齿接触到我的皮肤，它是那么温暖、可爱、充满活力。

虽然我和托奇分开还不到两天，但它热情的招呼方式，却好像我们已经几周甚至几个月没见面了。它和我非常亲密，现在想来，早在从繁育员那里接它回家的那个晚上，就已经注定了我们的缘分。

培训之旅

我是一个喜欢按计划行事的人，习惯提前做好充分准备，意外会让我感到紧张、焦虑，手足无措。

养狗让我明白，人不能计划一切、控制一切。

是狗狗让我学会放手，对事态的发展袖手旁观。

在托奇搬进来 10 天后，幼犬培训课程开始了。双胞胎女儿中那个特别热爱骑马的女孩前来探望我们，她非常喜欢托奇，我们一起为托奇在森林里寻找出一片练习场——那是一块带围栏的休耕地，地面上布置着几个攀缘架。这块场地位于轻轨线附近，无法开车到达，而那时托奇还只能走很短的距离，我们只能轮流将它抱在怀里走路前往。往往还没开始训练，我就已经筋疲力尽了。

训练托奇的，还是之前跟我们签了"幼犬套餐"的那位教练。第一次训练是在一个星期天的早上，一共有十几只狗狗进行训练，其中大多数是小型犬。我观察了一下，发现狗主人的年龄在 20～60 岁之间，有的拎着名牌包包，有的衣着随意，很多都是成双结对而来的。因为靠近铁道，大概每隔 20 分钟，会有一列火车在我们附近疾驰而过。

第一次训练，我们学会了让狗"停"在我们身旁的一侧。具体方法是将狗饼干放在它们面前，然后用饼干把它们引导到正确的位置，当狗狗看着我们的眼睛时，我们就把一块饼干塞进它嘴里。显然，幼犬训练就是通过食物进行调度，食物就像是磁铁，狗狗会记住自己如果按照人的要求去做，就会得到奖励。而最终的目的，是训练狗狗在即使没有食物激励的情况下，也会条件反射性地执行命令。

训练的过程中，会穿插一些自由活动的时间，这一点和幼儿园很像。幼犬培训学校很注重狗狗之间互相学习，在休息时间，小狗们会彼此冲撞、吠叫、纠缠、一起在地上打滚。那是我第一次看到一群小狗玩耍，小动物们简单粗暴的相处方式让我感到震惊，我本能地想保护我那可爱的、没有经验的狗狗，但训犬师阻止了我，并对我说："狗狗们自己会解决问题。"这句话刻进了我的脑海里。时至今日，每当托奇在公园兴冲冲地跑向另一只狗时，这句话都会在我的脑海中被标红加粗地闪烁不停，相反，当它与某只小公狗看似冷淡地擦肩而过时，我通常会把牵引绳牢牢拽住。

我做了很多努力去克制自己干预托奇与其他小狗的互动。一直以来，我都是个喜欢控制局面的人，即兴发挥并不是我的特长，我一点也不喜欢惊喜派对这类事情。我总是提前做好充足的准备，并且不喜欢改变计划。但是突然之间，养狗强迫我学会了放手，对事态的发展袖手旁观。从幼犬培训学校中学到的这一课，让我十分受用。

课程结束时，托奇需要穿过一扇小门，门上缠着一根抖动的绳索带。我们鼓励它，用小零食引诱它，训犬师甚至在它面前放了一小块肉饼，但它就是不肯穿过，那条绳索带把它吓坏了。

那天我们一回到家，托奇就像游过泳后的小宝宝一样，精疲力竭地趴在狗垫上睡着了。

在最初的几周和几个月里，狗狗经历的发育阶段堪比人类儿童几年内的经历。它长得太快了，为了使它的训练内容跟上它的发育速度，我又尝试了其他训犬培训学校。其中有一所学校是非商业化的，由一家非营利性的狗狗运动俱乐部运营，如果以每小时 10 欧元为行业标准，这家俱乐部培训的费用只有其他地方的一半。不过，俱乐部的要求也更严格，在注册时，我必须出示狗狗的疫苗接种记录和保险证明。训练在俱乐部内那片养护良好的草坪上进行，训犬师会推着独轮车载着小狗四处走动，或者让狗狗学着在一个大球上保持平衡。其中有一项练习我格外喜欢：我躲在一个木箱后面，大声呼唤狗狗，而狗狗需要靠耳朵辨认声音，并朝我的方向走来，最终绕过木板箱找到我。每次当它找到我时，我们两个都充满了喜悦。此外还有一些趣事，比如训犬师呼唤俱乐部里一只名叫威尔玛的腊肠犬时，托奇总觉得是在叫它，于是就急忙跑过去。

在这家俱乐部里，我们见到的训犬师无一例外都是女性，她们是作为义工自愿来工作的，正因如此，俱乐部里充满了一种令人愉快并且脚踏实地的氛围。她们具备丰富的实践经验，而且很有想法。在第一次课程上，她们就宣布："我们提倡非暴力教育，从我们的角度来看，为了让狗狗坐下而将它的后腿压在地上，这就是暴力行为的开端。"还有一次，当我试图阻止狗狗拉着我去找一只巨大的雪纳瑞时，一位戴羊毛帽子的年轻女老师面带同情地看着我。"你的狗狗还只是个任性的小宝宝，"她对我说道，"放松点。"

无论我们在哪里训练，我的腰带上都挂着一个装满狗零食的荧光绿色小袋子。如果没有狗，我永远不会考虑戴这种配饰，但对于养宠物的人来说，这种腰包真的实用。一开始，我觉得在托奇每次听从命令时，都往它嘴里塞点零食是有辱狗格的，这是对它的智力和意志力的蔑视，甚至是对它本性的不信任，反正我是不可能尊重一个这样操纵自己的人的。但是随着时间的推移，我意识到动物付出了多大的努力，才能允许自己被驯服，并违背自己的本性行事。实际上，再怎么奖励一只追随你的狗狗也不为过，而且，这种"贿赂"会有助于建立信任。这是一个暂时的阶段，即使一时滥用奖励，这一情况也终会结束。

过了一段时间，我突然意识到了一件事：这些练习，其核心都是为了吸引狗狗的注意力。但每次托奇一分心，我还是难免手足无措。不过，我学会了从它的角度去看世界，从而预测它的反应。如果你在精神上总是比你的狗领先一步，它就可以被完美地引导。对于狗狗和自己的主人而言，诸如"前腿离地端坐在后脚上"或"伸出爪子"之类的命令在训练中并不重要，因为那更适合驯兽节目，关键在于，要建立起彼此的对话。

有一次，托奇被一名训犬师从小组中挑选出来，安抚另一只过于激动的狗。他用欣赏的语气称赞道："你的狗好淡定，好聪明。"那一刻，我的心里充满了喜悦和自豪感。

当我第一次把托奇带进办公室时，托奇十分顺从，牵着它毫不费劲。以前，我也曾把我的双胞胎儿女带来编辑部，甚至让他们坐到会议桌上，但前提是他们能乖乖坐在婴儿座椅里。平日里，我和同事们会在那张桌子上开团队会议，在某些时刻，我的职业生涯和私人生活以非常自然的方式重合在一些，这情况十分鲜见，却足够神奇。

我觉得，托奇已经训练有素了，于是在带它去办公室的时候，我想让它乘坐轻轨和电梯，以习惯各种各样的噪声和气味。根据我的了解，在狗狗将近 5 个月大的时候，它的大脑仍然可以很好地接收和记住新的事物，但最迟半岁之后，学习曲线便会迅速下降。狗在这个定型阶段没有认知到的事情，之后再接触到的话，会很容易让它感到不安。

那一天，我的大衣口袋里塞满了奖励用的狗饼干，背包里放了一个水碗，带着托奇登上了前往市中心的轻轨。车厢里，托奇嗅完了一遍座位和地板之后，便舒展着身体趴到过道中央，闭上了眼睛。任何想坐下的人都必须从它身上跨过去，但似乎没有人介意，也没有人抱怨。车上所有人都注意到了狗狗，很多人一看到它就露出了笑容；几个小学生问他们是否可以抚摸托奇，并跪在它旁边的地上；一位女士还跟我聊了她自己的狗。通常，我会在去城里将近半个小时的车程中看书，但现在，我好像和整个车厢的人都互动了起来。

弗里德里希大街站到了，托奇的爪子落在了站台光滑的石地板上，我们穿梭在一群急于下楼乘车的人中间，以Z字形路线上楼。一到路面上，托奇的鼻子完全被地上的沥青味道吸引了，它不小心把头撞到了一个突出的壁架上，那一刻，我突然对整件事的意义产生了怀疑。川流不息的车流、电车的隆隆声、街角香肠的味道——这些全面碰撞着托奇的感官体验——触觉、颜色、形状、气味和噪声，这些体验把我和托奇都推到了各自的极限。那一刻，我突然知道该怎么回答当初训犬师的那个问题了：我想要一只具有都市生活能力的家庭犬。

托奇在编辑部大楼的玻璃旋转门前踟蹰了一小会儿，然后，我们顺利地乘电梯到达了七楼。我们在走道里遇到了几个同事，有个同事用手机拍了托奇并将照片上传到Instagram，称它为"编辑部狗狗"，另一个同事想知道托奇会不会咬人。当我试图在走廊里抓住托奇但是徒劳无功的时候，一个没有自己的孩子和宠物的人建议我聘请一位训犬师。总体来说，有些人对这只狗狗敬而远之，有些人则自在地抚摸它，其中有些人的行为在我看来是意料之内，有些则让我感到吃惊。至少，现在我明白了为什么在一些研讨会中会用到狗，它们会让人展现出自己不为人知的某一面。下班道别的时候，有人在我身后喊道："多带狗来玩玩啊，我们觉得很开心。"那天，我在办公室体会到了少有的极佳舒适感和归属感。

一波三折

狗并不复杂，复杂的是人。

养狗之人很容易转移情感，将狗当成人，责怪动物表现得像动物一样。

在托奇搬进家两个月之后，我对自己和它都信心十足。于是在某一天，我第一次在花园外放松了它的牵引绳，而这也成了一个里程碑。从那以后，我对出错的恐惧感大大减轻了。

我一边走路，一边用眼角的余光观察它，心里猜测着它下一步的行动，这样如果它的做法欠妥，我就能有机会及时阻止。而每次有车或另一只狗靠近时，我就会去抓住它的项圈。

在过去，我走路的时候常常神思云游，但是现在的我会仔细观察周围的环境，提防任何可能对托奇造成伤害的情况，这种警惕性是我前所未有的。我凭借全新的敏锐度去感知噪声和气味，以及季节的变化，我开始注意到以前从未关注过的人。比如，我经常会在早上 7 点在附近的一个小公园遇到一个穿着运动服的男人，他会一圈又一圈地快步行走，而我则会用塑料袋捡起托奇的粪便。没多久，我们就开始像老朋友一样互相打招呼了。

在托奇 7 个月大的时候，它第一次在撒尿时抬起了腿，而不是像以前那样蹲下。这个动作差点让它摔倒，显然，它需要一点时间来练习平衡。然后，它迎来了自己狗生的第一个夏天。托奇有自己的水壶，外出时可以随身携带，如果天气很热，我们还会把湿巾放在它的肚子上，让它保持凉爽。只不过，我偶尔还是会暂时忘记自己有一只狗，以至于看到它的时候难免大吃一惊：哎哟，我家里有一只动物！每当这些时刻，它古老的动物本性把其他一切都衬得不那么自然，就像人工布景一般。

现在的托奇，不再是一个小宝宝了，而且越发注重捍卫自己的领地。它会对着所有移动的东西叫，不管是扇子、扫帚还是风中的塑料袋。我们给托奇添置的第一个"小窝"足有充气船那么大，但它却能把窝占得满满的。大多数时候，托奇并不在窝里，白天的时候，它会躺在桌子底下或者和孩子们一起懒洋洋地躺在沙发上，即使到了晚上，它还是喜欢睡在厨房凉爽的大理石地板上，直到现在也还是如此。

在拥有托奇的第一个夏天，我们已经厌倦了在附近散步，想走更远的路去森林里。那片森林离我们家只有大约 15 分钟的脚程，但在养狗之前的这么多年里，我也只偶尔去过几次。在第一次带托奇去森林后，我发现那里有许多不同的路径，而且通常可以一个人慢慢走，让狗自由奔跑，这对我来说真的是种解放。对于毛发浓密的托奇而言，森林里的凉爽也让它很享受。

从那天开始，我们每天都至少去森林里散步一次，但即使在这里，我也需要时时关注托奇。每当呼唤它，它却不回来，或者它走得太远时，我就会很紧张。这片森林并非绝对安全，其中也潜伏着危险因素，比如野猪，同时还有另一种危险——正在慢跑的路人被狗狗扑倒。好在我们在森林里遇到的大多数人也养狗，而且都很友好。我们还遇到了很多不同品种和性格的狗，以及它们形形色色的主人。我们遇到过一对年轻的夫妇，他们领养了一只少一条腿的狗；我们还经常遇到一位老婆婆，她总是带着两只同样年长的狗狗绕圈散步；有一个总开着敞篷车到森林停车场的男人也跟我们很熟络，他留着长发，后座上坐着三只贵宾犬；还有一对夫妇带着一只 X 型腿的金毛犬，可怜的狗狗由于慢性关节疼痛几乎不怎么动。

养狗狗的人们很快就会开始互相交谈——

"你的狗狗几岁了？"

"你的狗狗很漂亮啊！"

"这是什么品种的狗呀？"

"在这里很少见到阿富汗犬。"

"我的狗狗性格反复无常，就像只长着狗样的猫。"

而大家对于托奇的评论，通常是关于它厚厚的毛发（"它不热吗？"）和强壮的体格（"它肯定有自己专用的冰箱吧"）。一些对话还会涉及性，例如，当一只母狗诱人地倒在托奇面前的地上时，它的主人评论道："呵呵，这个多情的'女人'。"或者当主人说"我的狗狗闻起来真香"时，我会朝狗肚子下面看一眼，以判断它是雄性还是雌性。

此外，我还会听到其他狗狗生病的故事，了解到不同狗狗的特点，和狗主人们交流经验并获取建议。对于我这样保守的人来说，这些都是全新的体验。

有时，当你遛狗的时候，会和陌生人一起走上一段路，有时候会进行有趣的对话。一次，我和一位年龄相仿的男士聊了一会儿，对方告诉我，他的拳师犬 * 赫伯特是他从宠物收容所领养的第六只狗。当他在 20 世纪 80

---

* 拳师犬，原产地德国，体形外貌漂亮强健。头和身体相称，鼻大而黑。耳朵生长位置较高，常人工切去耳尖。眼黑色。颈圆柱形，很强壮，富有肌肉，无下垂皮肤。躯体呈正方形，前肢直立、平行。忠诚，易训练，可用作警犬、护卫犬、个人警卫犬，也可用于导盲犬。由于其服从性好，也是很好的伴侣犬。——译注

年代初得到第一只狗时，他自学了一切。我有些吃惊，因为现在到处都是狗狗培训学校，所以很难想象这些机构都是近年来的产物。与幼犬托奇相比，5岁的赫伯特总能很好地跟随着主人，男士建议我要经常赞美狗狗，他说："狗并不复杂，复杂的是人。"过了很久后，我才意识到这句话是真理。

起初，我也会在森林里和狗较劲，看看我们俩谁更强大，谁更占上风。现在，我学会了更好地利用牵引绳——一根5～15米长的绳索，可以通过踩住拖在地上的一端让奔跑中的狗停下来。随着托奇越长越大，我们的力量越来越势均力敌，直到某个夏日，发生了一件大事，让我意识到情况已经有了改变。

那天早上天空湛蓝，空气清新，美好的天气仿佛给了我们一个大大的拥抱，我心情愉悦，临时决定带狗去集市上买东西。我用牵引绳牵着8个月大的托奇，它兴奋地走在人行道上，不断地左右穿行。我们左摇右晃地往前走着，直到狗狗猛地冲向了路边的一棵菩提树。方向的改变是如此突然和猛烈，以至于我失去了平衡，被绳子拉得撞到了树干上——这简直是卡通片里的场景。一切都发生得非常快，我的手背在树皮上摩擦，皮肤被撕开了一个口子，鲜血直流。过了一会儿，我才终于平复了心情，和托奇站在奶酪摊前排队。这时，出现了一位带着三只狗的女士，她大声喊其中一只狗的名字"亚马逊"。我的狗再次突然蹿了出去，拽起了牵引绳，而我完全无法阻止它扑向那三只狗。排队的人群开始骚动起来，有人恼火地冲我喊道："你控制不住你的狗吗？"

当时的情况可以用惨烈来形容，我甚至哭喊了起来。最后，我带着空空的购物袋和深深的无力感，垂头丧气地往回走。回到家里，我包扎了手背上的伤口，然后上床睡觉，与此同时，托奇在花园里挖了一个洞，把鼻子伸进凉爽的泥土里打瞌睡。我们的关系，至少我对它的感情在此刻跌到了谷底。我真的相信自己可以驯服一只狂野的动物，并让它变得温驯吗？无力感如潮水般向我袭来，有那么一瞬间我甚至觉得狗该走了，在它完全长大之前，是时候停止和它比谁力气大了。我不会是第一个想爱狗却失望的人，就在奶酪摊事件发生前不久，一位朋友跟我说，尽管养狗是她的童年梦想，但她不得不和她的狗分开，因为他们总是相处不好。尽管他们已经分开 20 年了，我还是能感觉到她对此有多难受。

彻底失败的集市之旅让我意识到在过去的几个月里，我和托奇之间还有很多没有解决的问题，而且，我心头一直悄然滋长着对于恢复过去生活的愿望。过去，沙发的隙缝里不会藏着发霉的骨头，车里也没有一股湿漉漉的毛发味道，邮递员不会为了躲避人来疯的小狗而把包裹扔在花园门口，星期天也不是必须从早上 6 点开始——只因为有只狗火急火燎地想要出门，不断用它的爪子大力敲打卧室的门。

很多事情突然之间有了变化，比起狗狗柔软的皮毛，我更加关注它的口臭，我渐渐将它视为被蜱虫和蠕虫感染的野兽，而非家庭成员，就连它那总是突出的锋利的犬牙，在我看来也开始像一种警告。我曾经那么希望托奇是一只萌化人心的可爱玩具，而不是一头无法掌控的捕食者。以上种种让我更加心生失望，但我很清楚错的不是狗，而是我，我没能做到公平对待它的本性。

尽管我内心起伏不已，但把它送人是不可能的，我完全不会考虑这个选项。我不会放弃，况且家人们肯定宁愿叫我搬出去，也不愿意让托奇离开。

比起我，其他家人在养狗这件事上并没有那么大的内耗。我先生以前养过狗，尽管体形比托奇小得多，但这些经历以及他在奥地利山区的生活让他得心应手。他是在更亲近自然的环境下长大的，习惯了大自然的不可预测，也学会了凭直觉行事，比如当道路变得陡峭和狭窄时，他会主动给狗拴上牵引绳。即使是孩子们，在和狗狗相处方面也比我轻松得多。当我第一次通过讨论和阅读获得知识时，其他人早就直接上手了，我似乎永远慢一拍。

集市的经历让我意识到，这段时间以来，我一直出于巨大的信任而顺从着托奇，但现在我必须成为它的主人。我需要尽快找到一位专家，这样或许还不算为时太晚。现在这只狗已经大到可以将前腿毫不费力地搭在厨房台面上，直到我发现时，它已经把半磅黄油、一个鳄梨和一个芒果吃了下去。可是，我又怎么能责怪动物表现得像动物一样，怎样要求它拒绝面前诱人的东西呢？我想起了赫伯特主人的那句话："狗并不复杂，复杂的是人。"是的，复杂的是我。

"还有一个孩子长着毛。"是养狗后经常会听到的一句话。当然，狗不是人，孩子是通过榜样和爱养大的，但这对狗来说还不够。你可以对孩子们喊："我先尽快整理好洗碗机，然后就在你的数学试卷上签名。"但是，如果狗在等待什么，你就必须马上采取行动。如果你在它抓门的时候不让它出去，它会很难受，甚至在屋子里尿尿。和狗交流时，最重要的是你做了什么，而不是说了什么。顺便说一句，实践确实是最好的培养方式。但有时我也会想，如果人类可以与动物发展出一种共同语言，又会怎样进行沟通呢？

托奇 9 个月大时，我们的关系开启了新的篇章。我通过朋友的推荐，结识了阿斯特丽德，她是一位口碑上佳的训犬师。

当阿斯特丽德第一次来访时，托奇正躺在厨房和餐厅之间的门槛上，而她像将军一样威风地走进屋内，立刻开始评估情况。"它挡住了你们的路，这是典型的支配行为。"她开始了关于优秀领导力的简短讲话。她告诉我，就像每家公司都有等级制度一样，这也是与狗打交道时所需要的，而没有一个助理会在老板的办公室前无精打采地闲逛。"狗狗需要清晰的指引。它想要被引导。"说着，她从口袋里掏出一条链子，上面挂着硬币和其他金属物品。她随手将链子丢在托奇身边的地板上，却没有看它，金属在石头地板上一阵丁零当啷，狗狗立刻跳了起来。狗狗不喜欢金属叮当作响的高频声音，它的反应就像听到了一个刺耳的信号。而通过手部动作，它被指引到了一个新的位置，一个不会再碍着我们走路的地方。

训犬师还建议在房子的重点位置准备一些勺子。以后，如果狗狗占了太多空间，挡住了路，就把勺子丢到狗狗身边的地上，其间不要有任何眼神接触，就好像勺子是凭空飞出来的一样。噪声会让狗狗忍不住寻求帮助，并自然关注到身边的人。那一阵子，全家人的口袋里都揣着一条链子，很快，只要链子发出轻微的叮当声，托奇就会顺从地跟随。这只巨大的黑色动物现在就像羊羔一样温驯地被牵引着，如果偶尔它没有跟上，就会被关进"监狱"里——一个用两把椅子围起来的小区域。现在，可是讲求纪律和服从的新时代了！

但对我来说，把勺子精准地扔在狗狗旁边的地上并不容易，我必须加以练习。我个人不喜欢在和狗狗打交道时加入这种"投射弹丸"式的粗暴军事化元素，但如果我从一开始就定期锻炼狗狗，现在也就不需要使用这种手段了。为此我很自责，感觉自己辜负了它最初的信任。但后来我意识到：在训练狗狗的这个问题上，放纵是错误的。当它行为不端时，我曾很多次叹气"唉，托奇啊"，希望这能给它留下深刻的印象。我还曾深信自己如果给它食物、爱和温暖，它就会自动以服从和有教养的行为作为对我的回报。但这些并不是狗的行为模式，狗和孩子不同，孩子会从父母那里学到很多东西，但狗不会将主人视为榜样。

换句话说，狗对诸如良心或道德这类事情，是没有概念的。

刻板印象

现在是星期天的中午，透过酒店房间敞开的窗户，我可以听到从院子里传来的笑声和餐具与餐盘发出的声音。我合上电脑，想出门去逛逛。

在离酒店不远的地方，我被一片城市园艺吸引了。建筑和火车轨道之间有一排自制的高架苗床，里面种着西红柿、芝麻菜、胡萝卜和球茎甘蓝。几个 20 多岁的年轻人正在给菜喷水和拔杂草。"偷窃是愚蠢的行为""禁止自助服务"等标志竖立边上，也不知道谁会在这片充满理想主义的田地中收获满满。

我漫无目的地走着，路过了一些法国、越南和古巴风味的餐馆，还有卖传统德国啤酒的酒吧以及卖新式德国果汁的水吧，这让我感觉有点饿了。我向沿途一些售卖文化用品的"街头小店"询问有没有《柏林报》，但每家店都说没有，我发现附近已经没有传统的售报亭了，最后，我是在超市里找到了报纸。在我曾经住过的博克斯哈根（Boxhagener）广场上，现在办起了集市，有个摊位卖法式可丽饼，还有一个在卖自制的芝麻酱。为了找一家餐厅吃午饭，我绕着广场走了两圈，通常决定在哪里饱餐一顿之前，我都要四处好好找找。

1991 年初，在我刚搬过来的时候，这里一家酒吧都没有。只有一家卖小甜棍面包的面包店，那是一种当时西柏林没有的甜面包。一开始，我所在的街区连杂货店都难觅踪迹，不过这对我来说影响不大，反正我也不做饭——那时我还没学会怎么做饭。我通常会和同事在食堂用餐或和朋友下馆子，反正总能吃上热腾腾的饭菜。27 岁的我独自生活，也不需要照顾任何人，我想要自由，却将自由与了无牵挂混为一谈。

最终，我在博克斯哈根广场选了一家咖啡馆，店家在阳光下摆了好几张餐桌。我点了一份班尼迪克蛋，等了很久还没好，当我催菜的时候，服务员说她只有两只手，并给了我一个挑衅的眼神。我想起当初我写过一篇关于博克斯哈根广场的报道，其中一位主人公是个 51 岁的失业编辑，靠送报纸维生，另一位主人公则从拆迁公司购买地板，将它们锯成原木并当作柴火售卖。如今，坐在这里的是戴着耳机的年轻人，他们喝着咖啡，面前放着打开的笔记本电脑。突然间，我很想知道当年的那两个人后来怎么样了。

在开始做记者的时候，我总想大胆一些，而不是待在家里，至少我是这么给自己洗脑的。在我公寓的两个房间里，有一些家具是我妈妈托朋友从德国南部寄来的，她在装修上颇有心得，于是在她的建议下，我将走廊墙壁的颜色漆成了牛血红。我很希望能将房间打理得好看，却不想在这上面花费太多精力，因为我不想跟我妈一样做个家庭主妇，我不想像她那代人一样生活。出于这个原因，很多对她来说很重要的事物，我会一股脑地排斥，以至于很多确实很有用的东西，也被我刻意搁置了。我过分美化了独立和冷静，尽管我的天性并非如此，但为了与我妈的生活方式背道而驰，我轻视了关心照顾的价值，而这也影响到了我对宠物的态度。过去的很长时间里，我觉得狗代表着懒散、休闲和奢侈，不值得我关注。多年来，我一直认为一个有时间照顾狗的女人，一定是设错了优先事项，像我这个年龄段的女人理应对工作充满热情，积极进取。

吃完晚餐，在返回酒店的路上，我看到一张海报上写着"热爱自然，憎恨法西斯主义"，而仅仅几百米外的墙上，则有着"消除隔阂"的字样。有那么一瞬间，我忽然想到了那个人们相信可以用口号改变复杂世界的年代。

享受混乱

我对秩序感有着夸张的渴求，喜欢把家中的一切摆放得整整齐齐，否则就万分难受。

儿子在他 8 岁时曾画了一幅画，并在下面写道：她爱沙发胜过我们。

狗狗的到来，打乱了我的秩序感，在不知不觉中，我慢慢放弃掌控欲，体会到了一种难得的松弛感。

我时常会想，如果我在养孩子前就有养狗的经验，很可能会成为一个更放松的母亲。

随着托奇一天天长大，它对我的爱意越来越浓。每天清早，它会在楼梯处等着我，只要我一走到它的身边，它就会热情地跳起来扑向我。在将近 5 个月的时候，它的乳牙脱落，恒牙生长，开始啃我的小臂，而我也对胳膊上它留下的牙印出奇地宽容。我的态度事出有因，比我所做的其他事情——不管是我写的书，做的美食，讲的笑话，还是我那些大胆新奇的想法——这些都比不上狗狗对我满满的热情，更能引起孩子们对我的钦佩。不知不觉中，我和家人都在争夺它的爱，而它对我的偏爱显然提升了我的家庭地位，换句话说，狗狗令我"升值"了。

渐渐地，托奇变得越来越重，我们没法再随身抱着它。但就像在孩子成长的某些阶段——比如当他们不再需要我用手推车带着他们四处走时，或者是小学毕业时——我难免会有些许伤感。清晨，我再也不会抱着托奇下楼梯或者上车了。这只可爱的小毛球变成了一只爱惹事的小狗，它开始啃嘴边能咬到的所有东西：运动鞋、踢脚线、地毯边缘、棋子、眼镜。这个充满冲动的小生命为了磨自己的爪子，还在墙上打了不少孔。而它搞破坏留下的种种痕迹，我都坦然接受了，连我都对自己的平静态度感到惊讶。要是放在以前，我肯定会立即着手修补所有东西，但现在，对于狗狗利爪留下的痕迹，我只是随手用羊毛毯子盖上。这种从前不曾有过的随意让我感到放松。

我想，我必须在这本书中向大家袒露自我，如此才能展现狗狗如何改变了我，因此，我有必要解释一下我那曾经无比强烈的秩序感，其实直到今天，它在某些方面依然很强。我属于喜欢经常熨烫床单、桌上的文件一定要码放整齐的那种人。平日里我会将电源线、数据线卷起来收纳好，或者塞在橱柜后面，也正因此，我深感无线技术是我们这个时代伟大的成就之一。对于极少使用或没有用处的物品，我会毫不留情地把它们处理掉，比如在结账的时候，我就已经开始用指甲去刮所购物品的标签了。著名球星大卫·贝克汉姆（David Beckham）曾在一次采访中表现出对秩序近乎强迫的执着，而我像他一样，我在住酒店的时候，必须把所有的小册子和传单都整理进抽屉里，不然浑身难受。

我有很多柜子，每一个都非常整洁，虽然柜子可以关上门，但我无法忍受柜子里面是杂乱的。对于杂乱和邋遢，我总是有着敏锐的感知，孩子有时会把鞋盒扔到沙发下面，哪怕我看不到鞋盒，也能马上发现鞋盒不见了，并且找到它。如果有什么东西没有立刻整理好，我会非常难受，以至于在每年的圣诞节，我必须隔一段时间就停下手头的事，去收拾被拆开礼物的包装纸。只有整理好了，我才能感到踏实。

对于小孩子，我过去一直贯彻着我的强迫症和洁癖，尽管现在想来很多事情大可不必，但哪怕多付出一些辛苦，我们心里也都知道养孩子的苦总有个头，随着孩子长大，我们的生活终会越来越轻松。一开始，他们不再需要使用尿布了，然后，他们学会了走路，最后，他们一步步学会了对自己负责。我们为孩子殚精竭虑，目标就是让自己能从某些时刻开始变得多余，并让孩子们逐步分阶段地实现独立。可是，狗狗被人类培养出了依赖的习性，并且我们尽可能地避免让狗狗独立行动，因此，和狗狗在一起，我们显然要做好长期努力的准备。抗拒这一现实是没用的，尝试改变也只能是无用功。

自从家里养狗之后，我的秩序感被渐渐磨平了。我学会了屈服于它——当它在厨房里喝完水，水盆周围就会形成一摊水；有时候，我们的鞋子摆在外面，它会把鞋带咬掉，其中勃肯凉鞋是它的最爱。不过，狗狗的脏乱差和破坏力倒是让我越来越处变不惊。有一次，它的爪子被电线缠住了，拽倒了我非常喜欢且已经绝版的一盏灯，我却松了口气，庆幸狗狗没有伤到自己。当我把碎片捡起来时，内心毫无波澜。

我有时会想，如果我在怀孕前就有养狗的经验，很可能会成为一个更放松的母亲。很久以前，我的孩子曾把一块夹着火腿的面包掉在了我最喜欢的沙发上，而且还是涂着蛋黄酱的那面朝下。当时的我只觉得眼前一黑，而且一想到沙发已经是家里唯一一件尚且没被孩子们用油墨笔涂过的家具，我立刻失落地跌坐在地，哭得像坟墓前的寡妇一样悲伤。儿子在他8岁时曾画了一幅画记录这一幕，并在下面写道：她爱沙发胜过我们。

我曾十分坚决地希望自己保持精致生活，但狗狗的驾到，让我放弃了这种掌控欲，我心甘情愿地屈服于充满动物野性的原始力量。

特殊的生日礼物

我在酒店里翻看着一本册子，这是在我搬出去静修写作的前一天，女儿送给我的礼物，她说是给我的生日礼物。这是一本托奇的小相册，前几页中的托奇还很小，甚至身体各个部位显得有些比例失调。往后翻，能看到托奇慢慢长大了，它摆出了它的招牌姿势：把头埋在自己的床下，或者仰面躺着，等着谁来揉揉它的肚子。在第一张照片下，女儿这样写道："有趣、丰富多彩、更美好的生活开始了。"当我翻到相册最后一页时，我感慨事实确实如此，似乎有了狗狗之后，我们的家庭才真正完整了。

我合上相册，下楼去酒店大堂喝了杯咖啡。大堂的前身是工业厂房，现在被书架将偌大的空间分成一块块较小的区域，其间摆放着很多沙发和各类杂志，员工看起来和客人没什么不同，让人仿佛置身于朋友家的客厅。几乎所有坐在沙发上的人都在刷手机，这让我感受到了技术给世界带来的翻天覆地的变化。以前，手机是一台巨大的黑色设备，像铅块一样重，而过去的柏林东区甚至还无法使用手机，因为那里没有移动电话所需的网络。许多公寓门旁边都有记事本和铅笔，如果你登门未能见到某人，就可以在上面留言。有时为了打电话，我不得不驱车从弗里德里希斯海因区一直开到西区，在国会大厦那儿有一个电话亭，我从裤袋里掏出硬币投入电话机，然后和父母通话。有时我们会在电话里激烈争吵，挂断电话后我却又怅然若失。在家里住的时候，我很少吵架，所以不懂怎样平复心中的冲动。

喝完咖啡，我回到房间休息，并且读了匈牙利作家提波尔·戴瑞（Tibor Dery）的短篇小说集其中的一篇《尼基：一条狗的故事》（*Niki: the Story of a Dog*）。我的一位朋友听说我在写托奇的文章，便推荐了这本书，这本书于 1956 年首次出版，虽然并没有像托马斯·曼（Thomas Mann）的《主人与狗》（*A Man and His Dog*）或者弗吉尼亚·伍尔芙（*Virginia Woolf*）的《阿弗小传》（*Flush*）那样受到广泛关注，但书中那只狗狗尼基的故事，却同样直击人心。尼基的主人生活在集权的匈牙利，并被迫害监禁，主人的离开引发了尼基巨大的悲痛，它病倒了。

我一口气读完了这个短篇，感到既压抑又快乐。放下书时，正好看到工作人员在院子里为晚餐摆放桌椅和餐具，不知不觉时间已经过去了那么久。戴瑞的叙述比任何一本指南都更能表达出人与狗之间双向奔赴的爱。或许只有文学才能淋漓尽致地展现狗的本性，这让我不禁想再好好看看托奇的照片，就像年少时那种惦念。

狂飙猛进

　　人们都说，狗狗会反映出自己主人的性格，我想说的是，当我学会如何与狗相处之后，更明白了该怎样爱人。

　　在阿斯特丽德刚成为我们的幼犬顾问时，一次我们去散步的时候，托奇突然开始像个顽皮的孩子一样躺在马路中央——它的青春期开始了。

　　从这时开始，狗狗的一切都要听从睾酮指挥，大脑在此期间会长出新的神经元和神经元连接，重新构建连接网络，这一点和人类的青春期没啥两样。从长远来看，发育会让狗狗的行为变得更加成熟，但短期内，狗狗会变得难以被驯服，就像个叛逆的不良少年，将自己学过的东西忘得一干二净。然而，最重要的是，它的性欲被唤醒了。它的世界已经被气味主宰，为此它每天能花好几个小时在花园门口等待"梦中情狗"。如果有一只母狗路过，它就会充满渴望地叫起来。散步时，它比以前更频繁地抬起腿来，用尿液标记自己的领地。在狗狗公园里，它用尽全力绕到其他狗的臀部后方。而这一切仅仅是个开始。

作为一只小狗，它甚至不在乎遇到的狗是雄性还是雌性，只要有另一只狗出现，托奇都会好奇地扑过去，每到这些时候，即使是有大块的食物，它也会置之不理，似乎没什么比当下的事更重要了。时不时地，它还会对其他公狗咆哮，将对方视为竞争对手。如果我错过了它跳出前的那一刻，没能及时制止住它，那么它就会通过牵引绳把我拽在身后，让我看起来可怜巴巴的。于是，只要看到其他狗，我就会赶紧穿过马路换一边走，要不然就和托奇一起躲到车库出口，或者在门口闲逛一会儿。甚至有时候，我们还会转身逃跑以避免相遇。而以上这些，都是训犬师阿斯特丽德所需处理的紧急情况。

那段时间，我们全家会在每周六早上轮流参加"幼犬公开训练课"，无论轮到谁陪着，那人这一整天也就别想再做其他事，毕竟这90分钟实在太累人了。有一次，我送女儿去陪托奇参加课程，为了阻止它奔向空地上的其他狗，女儿用尽了全身的力气，纤弱的身体拼命向后靠，几乎都要与地面水平了，就像是疾风中的帆。而因为项圈被拽得太紧，托奇喘着粗气，像是严重的哮喘发作。这个时候，托奇其实还没有完全长大，只要它再长大一些，它的力量就该无人可挡了。

训练课之所以要小组练习，就是为了控制狗狗的冲动。其中一项练习需要所有参与者和狗狗们排成一排，每个人依次带着自己的狗从其他人和狗身边走过，狗狗中途不能突然转向，这简直是在"枪林弹雨"中前进！我们还会练习把食物撒在狗狗面前，但必须在我们下达命令后，它才可以吃。此外，我们还学会了用自己设置的信号来触发指定动作，比如通过跳跃和拍手来鼓励狗狗从远处跑向我们。除此以外，我们还要学着用身体来控制狗，这类似于之前讲过的勺子信号，最初，我不得不强迫自己用膝盖将托奇的头转向我希望的方向，但经常是当我开始引导的时候，它已经"翻山越岭"了。不过，这也让我想到了当初在幼犬学校里的情景，小狗们粗鲁地互相推挤，看来，狗和狗之间也会通过肢体打闹来处理很多事情。

如果不使用自己的身体，就没法驯服大型犬，认识到这一点是我养狗第一年的一个重要里程碑。成为领导者需要付出努力，直到我敢去揪托奇颈部的毛发或抓它的身侧时，它才开始尊重我。我让狗狗去社交，而它则教会了我肢体语言和敏捷性的重要，这也算是一种回报吧。

阿斯特丽德对狗狗的语气有时很严厉，和狗狗的互动也有些粗鲁，但显然，是狗狗定下了这样的基调。此外，阿斯特丽德还有一个助手：她的坎高牧羊犬苏丹，这是一种巨型犬。当一只狗骚扰另一只狗时，它会出手干预，训练期间，苏丹好几次扑倒了托奇，并在它耳边吠叫，让我的狗出于害怕而迅速后撤。阿斯特丽德和苏丹分别用自己的方式体现了与狗沟通时的几个要点：明确、果断、持久。

　　人们总说狗狗会反映出自己主人的性格，如此说来，训犬学校就让我的犹豫和怕麻烦的性格特点都无所遁形。我动作总是迟缓、笨拙，经常在轮到我的时候，我却忘记了这个练习该怎么做。按理说我们应该通过在家里的重复练习，来加深狗狗在训犬学校的学习成果，但我缺乏练习的耐心。算下来，我只成功完成了狩猎模型练习，猎物模型是一个装满狗饼干的回收袋，然后对托奇下"找到它！"的命令，当它把袋子衔在嘴里还给我的时候，我打开袋子给它狗饼干吃。

　　我发现，托奇很清楚我的弱点，而且一直在寻找相应的漏洞，因此我和阿斯特丽德预订了越来越多的课程。最后在市中心的牵引训练中，我挑战了自己的极限。在一个小时的时间里，我们需要在人行道上来回走动，穿过街道，并且我要示意狗狗突然改变方向，以此告诉它谁才是领导者。"将牵引绳控制在很短的长度，并且转移重心，向右转。"阿斯特里德命令道。在充满诱人气味的繁忙街道上，连续地牵着一只重达 50 千克且性欲过度的大狗需要巨大的力量，但是，我最后取得了进步，我一次次领着它在这座城市的大街小巷中穿行，我也觉得自己在遛狗时越来越神采奕奕。

我经常会好奇，为什么人们在谈论狗狗时从不提到在养第一只狗的第一年有多吃力，连那些关于狗狗的书籍中也不会说明。事实上，就像我们在养育自己的孩子时一样，养狗经常会让人不知所措、筋疲力尽，即使现在我也常有这样的感觉。几个世纪以来，关于母性的话题中都是些任劳任怨的母爱神话，直到最近几年来才有一些女性作者将成为母亲这件事描述为一种冲击——例如在《成为母亲的选择》（*Regretting Motherhood*）中，就对抚育幼儿做出了坦率中肯的陈述。或许在养狗领域也需要这样一本书。

随着时间的推移，我认识的训犬师越多，我就越发明白一点：通过肢体语言，最能判断一个训犬师的优劣。夏天，当我们去度假时，会把托奇送到寄宿狗舍去。当狗舍训犬师来接走托奇时，他从一开始就牢牢吸引住了托奇的注意力，尽管托奇并不认识他，但训犬师用身体姿态立刻就让它全神贯注，心甘情愿地跟着上了巴士。

一个经验丰富的训犬师不需要言语来引导狗，人与动物能和谐地一起行动，就像是编出了一支优美轻快的舞蹈。我从他们的互动中逐渐明白了肢体语言的含义——当你想让狗狗停下来时，要坚定地靠近它；如果它朝错误的方向前进，你要阻挡住它的路；当它想跳到你身上时，要抬高膝盖让它跪下。

这种无言的交流让我想起了自己的一段经历，在 50 岁出头的时候，我在柏林的一家临终关怀中心接受了临终关怀服务人员的培训。在那里，当无法再进行语言交流之后，人与人的沟通全靠眼神和动作，而这种沟通的一个重要前提是，要能感知对方最小幅度的动作。和狗狗的互动让我重温了这种感受，而和它的无声交流，也激发了我能更加注意别人的肢体语言，并尝试换位思考、感同身受。没想到吧，托奇还成了我特别的交流培训师。

有时候我会想，与狗狗相比，我从幼犬训练中获得的改变其实更多。训犬学校本身就是为了让人们学习如何引导自己的宠物，而好的引导必然包括以下内容：把目标简单、明了地表现出来；快速、明智地做出决定；实干；提供安全感和可靠性；多多赞美。在某种程度上，这同样适用于领导人类。

托奇的成长花费了我大量的时间、金钱和精力。在它生命的头两年内，我咨询了四所不同的训犬学校和六位训犬师，看了很多本相关书籍。回想我 38 岁初为人母时，情况却与之大不相同，身为母亲的我根本没有想过是否要学习抚养孩子的技巧，更别提去寻求专业帮助了，如果真有必要，我只会向家人和朋友寻求建议。基于我自己童年的经验，我遵循着直觉养育孩子，结果确实也很好，我的孩子们后来都成了优秀的年轻人。但是现在想来，如果我当初在生孩子之前养过狗，也许我在养孩子时可以少走一些弯路。通过在训犬学校与托奇相处的那些时光，我看到了"不断重复"可以带来怎样的成功，当然，这其中需要极大的耐心。而且，我了解到坚持不懈、清楚地传达期望，以及在某些事情完成得很好时，给予奖励是多么重要。记得我的孩子在读小学时，如果家庭作业做得好，老师就会在作业本上盖一个"笑脸"印章，集齐一定数量的笑脸可以兑换一个小礼物。那时候，我并不欣赏这种做法，但现在的我多么希望当初自己能给孩子建立更多的激励措施。通过养托奇，我才认识到与人打交道时制定策略的价值——设定目标，并做好计划，然后通过最好的方式实现目标。

《家长们能从犬猫专家处学到什么：现代训犬和亲子沟通》（德语：*Was Eltern von Kynologen lernen können*）

中这样写道："当我们用业余的方式与孩子打交道时，我们常常忽略了一个事实，即孩子并不能自动理解成年人行为背后的驱动力，很多事情似乎是自然而然就发生了。但是，对于狗主人而言，必须先研究明白狗的本质和行为。在跟狗狗沟通时，人们经常会发现自己的人格也备受考验，考验着自己的自律、细致观察的能力，以及有爱且始终如一的行为。"这本书的作者是已经 90 多岁的古德龙·哈勃洛可（Gudrun Halbrock），她曾是一名教师，后来成为一名儿童和青少年心理治疗师。如果不是因为托奇，我应该不会拿起她的书，但作为一只狗狗的主人，我发现这本书写得无比贴切，并且十分理解哈勃洛可为什么要求父母去参加强制性的教学研讨会。

而对于托奇来说，完美和顺从并不是我费心让它好好成长的目标，毕竟，我不想把天性自然的狗狗培养成一个无聊的下属。我的努力完全是出于养狗的必要——为了能和这只具有原始力量且体形庞大的动物一起生活在城市中，它必须能做到忠实地服从。

渐渐地，托奇和我找到了和谐的相处方式。它会对我的指令做出回应，我学会了解读它的行为，并通过手势和肢体语言来交流。比如说如果它要出去，那它就会围着我跳，用嘴扒拉我的裤脚；如果饿了，它会一直用爪子轻轻推我；害怕的时候，它会吓得愣住；当它发现危险时（这种情况很少），它会用浑厚低沉的声音咆哮，引起我的注意。

与之前失败的集市之旅和伤脑筋的培训课程相比，和托奇在一起的无忧快乐时光显然更加重要。在它第一次生日那天，我们尽量把庆祝形式变得更适合这只小动物，托奇虽然并不知道什么是生日，但一根特大的骨头显然让它心满意足。和我们一起过的第一个圣诞节，它好奇地嗅着圣诞树，玩着礼品的包装纸。在室外，它伸出舌头品尝漫天飞舞的雪花的滋味。跨年之夜，它本来完全睡着了，但当午夜的烟火开始燃放时，它惊愕地睁眼抬头向外看。

辞旧迎新的时候，托奇总被人行道上别人丢弃的花环和圣诞树所吸引，它好几次咬住杉树并拖回家里。我想，它已经适应得很好了。

很快，它在柏林的第二年开始了。

特蕾普托公园

在弗里德里希斯海因写作了将近一周，我安排先生带着托奇来特蕾普托公园和我见一次面。公园距离酒店仅几步之遥，沿着施普雷河岸绵延数千米，是柏林最大的绿地之一。"二战"后，苏联在这里为红军的阵亡将士修建了纪念碑，在这一纪念性建筑群中，一尊士兵的雕像矗立在 30 米高的山丘上，非常引人注目。雕像的右手握着一把剑，左手抱着一个孩子，据说，这是他从纳粹手中救下来的孩子。在这庞然大物的脚下，时间也仿佛不再流动，每个人都如此渺小。

以前住在这里的时候，我经常去这个公园散步。虽然公园坐落于市中心，但却非常接近大自然。高大的菩提树、栗树、橡树、榆树和枫树的树冠连接起来，形成了浓密的树荫，就像树叶组成的屋顶。宽阔的沙子路通往鲤鱼池和儿童游乐场，还有可以躺着晒日光浴的草坪、玫瑰丛和小花园。

天气很热，而且没有风，我们带着托奇穿过马路进入公园。起初，它贪婪地嗅着灌木丛中的每个痕迹，但很快，它就气喘吁吁地躺在沙子路上了。我们给它喂了水，然后溜达到池塘边，托奇实在招架不住高温，干脆跳进了水中，只在特殊情况下，它才会愿意到水里待着。拖着降温了的肚皮，它回到了草坪上，用力摇晃自己，脖子上的狗牌叮当作响。因为皮毛都被浸湿了，它的双腿一下子显得异常纤细，身体比例也变得好笑。它站在那里，小细腿像是火柴棍，活脱脱像个栗子做的小人儿。

公园里有很多狗，包括一只伯恩山母犬。虽然托奇通常对和自己同品种的狗并没有过多的亲切感，但它对这只母狗倒是很感兴趣。它的名字叫贝拉，据它的主人说，这是它"第三次发情期"，而且，贝拉已经是她养的第四只伯恩山犬了。在此之前，她只养过公狗，她觉得公狗比母狗照顾起来更容易，也更平静。"母狗的需求更多。"她说道。

"和大狗一起住在市中心是什么感觉？"我问。

她告诉我，他们和狗一起住在史莱伯花园＊，夏天还

＊ 史莱伯花园又叫市民农园，是指一片片由篱笆围成的小型耕地，大多位于城市郊区。为了方便身居城市公寓而没有花园的德国公民亲近自然、务农度假，很多地方政府会在城市一些不适合建造居住房屋的区域，比如火车铁轨附近，划分出大片区域，由各个城市的"菜园协会"组织管理，并分租给提出申请的城市居民。——译注

没问题，但是一到天冷的时候，他们就经常和邻居吵架。而且，她觉得其中一个邻居向她的狗投了毒，因为有一次不知道怎么回事，狗狗突然浑身颤抖并倒在地上，幸好他们及时把它带到兽医那里才救了回来。

贝拉和它的主人要走了，当我们道别时，我几乎拉不住托奇。回到车边后，它也拒绝跳进后备箱，它太喜欢公园了。其实不仅是托奇，在市中心待了几天之后，我也觉得树木成荫的地方很是舒适惬意，一时间，我陷入了对大自然的渴望。在 7 月的炎夏里，为了完成这本书，我决定去远郊住上一段时间。

艰难的决定

我们该如何面对本能？

是将其视为洪水猛兽，还是接纳生命的萌发与冲动？

如果思考的对象不是我们的狗狗，而是我们的儿女、我们的朋友或我们自己，你会给出怎样的答案？

托奇一岁半的时候，突然变得像头咆哮的鹿。如果它在一处做了标记，或者遇到另一种动物的气味标记时，它会挺起身体，昂首挺胸，用前后爪猛烈刨地，任凭泥土和树叶在它身后飞溅而出。

在狗狗公园里，它骚扰每一只路过的母狗，像着了魔一样紧紧盯着对方，还会去嗅母狗的气味。晚上散步时，如果街上空无一人，有时我会让它自由奔跑，但它只要闻到了另一只狗的气味，就会立刻撒腿跑远。我现在终于领教到了生殖本能是一股多么强大的力量。后来，经过大量的练习后，托奇才成功做到了自信而淡定地求偶。

现在，托奇每周会和职业遛狗师一起散步两次。我们希望能通过在树林里与其他狗狗共度时光，而让托奇变得更随和，并提高它的社交技巧。在柏林，有数百名遛狗师为上班族服务，他们中许多人不过是业余的训犬爱好者，我之所以能看出这一点，是因为他们会大声喊出命令，或者紧张地让我为他们带的狗群让路。而专业的遛狗师会在一只陌生的狗出现时，默默地把他们的狗带到灌木丛中，一群狗就像蜂群一样乖乖地跟着蜂后，那画面令人印象深刻。

想在复杂的报价单中找到适合自己的服务并不是容易的事。一次，我注意到一位职业遛狗人遛的狗中有几只大型犬，而且她对它们非常友好，所以我决定和她谈谈。我从远处的森林停车场向她喊道："我想认识一下你。""现在我没法聊天，不过，车上有我的电话号码。"她指着森林边缘的一辆车喊道。她对狗的专注给我留下了深刻的印象，后来的事情证明，找她算是找对人了。

在托奇正式参与散步之前，我和这位名叫梅兰妮的遛狗师先预约了一次会面。就像当年送孩子们去托儿所一样，我和托奇兴奋地站在路边等着遛狗服务机构的接送巴士。梅兰妮握着方向盘，头发染成了浅浅的红色，嘴唇上打了洞，因为经常在户外活动的关系，她拥有十分健康的肤色。她下了车，衣服上沾满了狗狗的气味，托奇几乎要被迷得神魂颠倒了。它跳起来扑到她身上，但梅兰妮却不以为然，她只是做了一个动作，让托奇先坐在人行道上，然后再让它跳上巴士。这次的狗狗小组一共有九只狗，包括一只年老的残疾腊肠犬和一只敏捷的澳大利亚脊背犬，托奇很快爱上了一只绝育的威玛犬，几乎没有离开过它半步。虽然托奇还没法表现得跟其他狗狗一样好，但它一直尝试着模仿其他狗狗的行为，而且能在每次走偏了之后及时回到队伍中。这次的散步持续了三个多小时，其间我们会时不时靠在树干上休息，并给狗狗提供水和零食。我很少看到托奇如此开心，看来我们真是找对了遛狗师。

从那以后，每当接狗的巴士早上开到我们家时，托奇就会进入性唤起状态。一看到梅兰妮，它经常就会情不自禁地跑到人行道上，忘我地对着空气发情，换句话说，它的本性战胜了它。它有节奏地抽搐着，这种行为让它显得有点可怜，因为这并不是它自己能够控制的，每到这些时候，站在它身边都让我非常尴尬。突然之间，它对我来说就像是个陌生人——在支配一切的本能面前，它自己的脾性似乎荡然无存。

即使在周六的集体训练中，托奇偶尔也会发情。这时候，其他的狗主人就会目瞪口呆地问"这是怎么回事"，因为看上去它就像是癫痫发作，有必要马上送去医院。在日常的大城市生活中，人们很少见到宠物自慰甚至交配，这些场景就跟尸体一样并不常见。在一切都井然有序的人类世界里，宠物的性生活显得格格不入。

很快，梅兰妮就向我抱怨说托奇出去时不再和其他狗一起玩耍，而只是专注它们的身体，她还用"强迫"来形容它的行为。我那可爱的、又大又笨的狗突然就跟深陷性丑闻的好莱坞大亨哈维·韦恩斯坦（Harvey Weinstein）一样声名狼藉了，成了一只笨重的、完全被性欲支配的野兽。为了保住托奇的名誉，我找了一位持有柏林兽医协会证书的专家，为它做了全面检查。这位专家参与了一次托奇的林间散步，发现它"经常用鼻子到处嗅来嗅去"，但最终，他得出的结论是"这只幼犬并没有表现出过于旺盛的欲望和过于冲动的行为"，并且告诉我，随着时间的推移，这种冲动会自行消退。我终于松了口气。

但是随着托奇的性欲越强，遛狗师和训犬师不断向我推荐化学阉割。对狗主人来说，使用芯片是个非常受欢迎的选项，使用时间通常从三个月到一年不等，这是阉割前的缓冲阶段。阉割，对于雄性狗来说就是切除睾丸，这是彻底控制动物性行为的最极端的方法。但是，仅仅是在肩胛骨之间植入降低其睾酮水平的激素芯片，就已经让我陷入两难，更别提阉割了。我究竟需要将狗狗的本性去除到什么程度，以便可以将它作为宠物饲养？人类世界和动物世界之间的红线又在哪里呢？

对于是否给托奇植入芯片，在我家一直悬而未决。我们太纠结了，因为在人与动物共存的其他领域，从来没有一个问题会对动物的本性进行如此程度的干预。到底谁的受害程度更深呢？是城市里的狗不断经历着引诱，却从来没有机会交配？还是为此头疼不已的狗主人们？在极度疲惫的时候，我会拥护使用芯片，但在其他时候，我觉得为了自己的方便而去除狗的重要身体功能，是迂腐而错误的。绝育还往往会使狗狗发胖、昏昏欲睡或大小便失禁，而且皮毛的颜色和质地也会发生改变。

有些狗主人开玩笑地将他们做了绝育手术的公狗称为"娘娘犬"，因为如果一只狗被剥夺了性能力，它的体味就会改变，还会像母狗一样被其他公狗嗅来嗅去。我很为被阉割了的公狗感到难过，它们不仅被夺走了男子气概，还要因此受到同龄犬的性骚扰。在我看来，除非确实存在医学上的必要，否则抑制甚至彻底去除动物的性欲，都是人类对动物居高临下的一种体现。

我阅读了一些纪实类的书籍，并与兽医进行了讨论，以便得出更好的观点。科学家们主要看到了阉割的缺点：去除性腺对动物的激素平衡产生了非常巨大的影响，以至于被调整后的系统失去了平衡。另一方面，兽医们从实际生活的角度考虑，认为城市中各个角落都散发着诱惑的气味，将未绝育的公狗养在城市中也是对动物的一种虐待。有人将拒绝阉割比喻成不断将炸肉排放在狗的鼻子前，但却不让它咬；还有人认为，狗不会回忆过去，因此当生殖器被移除时，它们甚至没有意识到自己失去了什么，而人类之所以对此产生忧虑，是因为我们把动物想成了人。参考过各种观点，并经过几番思想斗争后，我们全家决定让托奇维持原样：在我们的眼里，它原来的样子，就是完美的样子。

对于这个决定，我们从来没有后悔过，并且，正如专家预测的那样，托奇的性欲逐渐减弱，在它两岁半的时候，已经成了一只非常善于交际的狗狗。如今，它早就不会再去追逐每只母狗了，即使没有食物诱惑，它也会可靠地执行命令。当我们吃饭时，它会远离餐桌，在隔壁的房间里看着我们，鼻子放在门口的台阶上。开始养狗时所有想象中那些美妙的事，我们现在都实现了——一起去餐馆，托奇可以放松地躺在桌子底下，不打扰任何人；一起购物时，用牵引绳把它拴在柱子上，它就会在商店门前耐心地等待。

　　一天中的大部分时间里，狗狗都在睡觉，而大约有四个小时则是它的"狼性时刻"。在这几个小时里，原始本性在它身上爆发出来，它想奔跑、战斗、咆哮、拉扯、嗅探——最主要的就是嗅探。如果有异味，它会抬起左前腿；如果在灌木丛中遇到了令人兴奋的东西，它会把鼻子像一颗螺丝钉一样深深地拧进去；它舔着有香味的草，就像在舔一根冰棒。狗天生通过鼻子感知世界，我曾经读到过，它们最远可以闻到 1.5 千米外的物体。人类普遍毫无兴趣的配电箱，对狗狗来说也是一种信息交换的渠道，总能神奇地吸引托奇的注意。在狗狗看来，汽车轮胎似乎也有很多故事，结合了各类本地消息和国际报道。每次托奇滋尿越高，它就越开心，因为这意味着它的气味标记分布得更广了。

　　每年，我还是会和阿斯特丽德预约一次或两次集体培训课程，但这更多的是出于习惯，而并非必须如此。我们现在已经知道该怎么做了，也变得越来越自信和机智。如果托奇不愿意从轿车里跳出来，并且反复诱导和催促也无效，那我会关上后备箱门，走开几分钟，然后第二次尝试的时候，它就会立刻出来了。当我们在附近散步，它想要带头，而我却想朝不同的方向走时，它会固执地坐在街上一动也不动，但我不会被它牵制，而是会解开牵引绳，继续自己往前走。没过几分钟，它就会一路小跑地跟过来了。

因为托奇，我已经对各种事情都见怪不怪了，比如被雨水浸湿的毛绒狗狗——那是托奇的玩具，此刻却像小狗尸体一样躺在花园里。而诸如托奇在小水坑里滑倒这样的事，对我来说更是家常便饭。我们最初用来保护木地板的廉价剑麻地毯到现在还留着，按说在托奇长大之后，我们就应该把它扔了，但是在与狗狗的共同生活中，我发现实用才是最大真理。

在很多故事片里，人类与狗的关系常被描绘成俗气的爱的故事，但现实要更复杂一些。就像在任何伙伴关系中一样，主人和狗狗也需要一起努力协调双方的兴趣和诉求。比如，狗狗在白天要尽可能地少独处，但我却必须去编辑部上班或者出差，而我们就像过去养育孩子们时一样，彼此拼凑时间，以保证几乎所有时间狗狗都有人陪伴。甚至有段时间，我们还请了一个保姆值班，那是我在树林里散步时偶然认识的一个人，她前后养了三只伯恩山犬，最后一只在不久前刚刚死去了。

2月的一个清晨，当我们第一次把托奇带到这位退休老人那里时，她指着花园里的花坛介绍道："这里躺着哈姆雷特一号、哈姆雷特二号和哈姆雷特三号。"晚上我们去接托奇时，她告诉我们托奇在花园门口待了很长时间，等着自己被接走，她用了鸡肉肠才把托奇引进屋内。白天的时候，她给我们发了托奇躺在波斯地毯上慵懒地凝视室外的照片。我并不想把托奇寄存在家以外的地方，可是白天如果我和先生都不在家，孩子们也都要去学校上学，我们还能把狗放在哪里呢？遛狗师充其量带它几个小时，总是拜托朋友也不现实，请保姆似乎是一个很好的解决方案。只是，当我们去接托奇的时候，它总是会以迅雷不及掩耳之势猛冲出来，这让保姆模式的局限性也清晰地显现了出来。

从那之后，随着新冠病毒的大流行，情况突然发生了巨变。

Das Tier meines Lebens

第二部分

洪流之下

狗是衡量一个人同理心的试金石。

有时候，狗的故事也交织着人的命运。

　　雪花沾在了托奇的嘴巴上，它的胡须毛发上也挂着冰柱，四下静悄悄的，只能听见它的喘息，以及我的滑雪板滑行发出的声音。

　　最近，柏林下了20厘米厚的新雪，这是很久都没有过的事情了。我借了一套越野滑雪的装备，和托奇一起出发去森林里玩。它在厚厚的积雪中犁出了一条小路，疾风骤雨般往前冲，左右两边细雪飞扬，像是云层一样笼罩着它。它嗅着其他动物的踪迹，贪婪地舔着雪。我们越深入森林，周围就越安静，几个小时之后，我们已经完全看不到其他人，我觉得自己像是一个阿拉斯加的猎人，而托奇则体验到了狼一般的自由。到了晚上，我发现自己大脚趾的趾甲变成了深紫色，因为借的鞋小了一个尺码。

几天后，气温开始上升了。森林里，小溪在阳光的照射下闪闪发光，狗子却无精打采的，它把嘴巴探进小溪去喝水。我想，它应该是想念壮丽的大雪了，而我也希望能再见到雪片纷飞的景象。滑雪之旅打破了冬天被封控的无聊和无奈，让我和托奇都感到神清气爽，在新冠病毒大流行期间，这算得上是一次意想不到的快乐。

在我的养狗生涯中，新冠疫情堪称一个阶段性的转折点。在这之前，当托奇处于幼犬和躁动的青年犬时期时，尽管它一直在制造动荡，但外面的世界却始终波澜不惊地运行着。而现在的情况正好相反，随着新冠病毒的肆虐，外部世界分崩离析，狗狗却为家庭提供了稳定感。在不断更新的数据、各执己见的观点和纷纷扰扰的新闻中，它坚定不移的天性格外令人安心。在一个充满了不确定的时期，狗狗成为稳定的象征。

托奇现在 3 岁了，它的青春期也宣告结束，狂暴的好奇心让位给了平静安宁。早上，它会睡到很晚，所以 10 点以前都不用出去。它害怕遥控玩具车，但不害怕其他狗狗，即使面对最凶狠的、狂吠不停的狗狗，它也会饶有兴趣地接近对方，并且秉承着坚忍、镇定和友好的态度。我很少听到托奇吠叫了，更别提咆哮，它在几乎所有情况下都能保持沉默，看起来充满了智慧。

尽管我觉得我们的狗狗非常聪明，但也很清楚，它仍然是一只随时都能咬人的、狂野的动物。就在最近，它还咬过我，然后，它就自觉地跑到以前"监狱"的位置上去了。在让它更"具有人性"和让它仍然保持"动物本能"之间，似乎只有一层窗户纸的距离。

在最初的几年里，在生物学的规律下，我和狗狗的关系不断发展，随着它的每一个新阶段——听从管教、不在家里随地大小便；社会化；青春期——我们变得越发亲密。我时常感觉，自己像是一名很努力的驯兽师。而现在，一个成熟的时期开始了，这个阶段又恰好和新冠疫情同时发生。

我之前和朋友约过一起散步遛狗，但每次都因为其他事搁置了。然而，在居家隔离规定之下，走到超市都成了一件能打破单调生活的新鲜事，于是，狗狗成了我们生活的主角。它为隔离中的我们提供了喜悦感，让我们每天都能有机会运动，浑身充满活力。对托奇而言，社会的停滞反而给它带来了好处：我们全都在家办公或上课，时刻都能陪伴它，它没有一分钟是孤单的了。

"嘿，我们出发吧！"3月的一个雨天，我对狗狗说了这句话，但更是在对自己说。从我拿起运动鞋的那一刻，它就知道我们要去森林了，它摇晃着尾巴以示同意，在我的腿间穿行，兴奋地在它的狗舍和前门之间来回跳跃奔跑。我真羡慕它的活力。在疫情肆虐一年后，我对生活的热忱受到了打击，一种无力、冗长的疲惫感正在蔓延。一开始，我还会对空中不再有飞机飞过而感到惊奇，但是现在，在第二次漫长的封控结束时，我感觉自己就像是一个反乌托邦小说的主角，生活在这个孤零零、令人不安的寂静城市里。

"今天是星期几？"在去森林停车场的路上，我问托奇。由于工作时间和私人生活被迫无缝交织在了一起，日子逐渐失去了轮廓，连时间也仿佛停滞不前了。当疲惫的日子结束时，我记忆中最幸福的瞬间，就是我梳理托奇的毛皮直到地板上散落一大堆毛的时候。我喜欢它呼气的声音，还有因此产生的亲近感，而且，只有给它梳理毛发的时候，我才会发现一些伤口和伤痕，这些都是我平时难以注意到的。说起来，我是个喜欢断舍离的人，我沉迷于那种扔掉无用之物、挪腾出新空间的感觉。而且每到春天，园艺也会带给我快乐与幸福感。

可是，在这个漫长的冬季里，我们几乎没有离开过自己的街区。之前我妈妈每年都会在降临节的时候从慕尼黑过来和我们相聚，这传统从孩子们出生就保持着，可如今不得不取消了。我们生活在规范的防疫管理条例中，却没人知道疫情产生的影响什么时候才能结束。

我在停车场打开车门，托奇满怀期待地把头伸了出来，鼻子在风中猛嗅一番。它的鼻子微微抽动，用力地吸着空气中同类的气味。即使在以前没有疫情的时候，每天也有几十名遛狗的人会来这里，因此，诸如"爪爪出没""首都之犬"或"无绳遛狗"之类的标签随处可见。停在这里的许多车的座椅和后备箱之间都有栅栏，后门上还有狗爪贴纸，一切都彰显着这里旺盛的人气。

而如今，去森林里散步的狗狗数量更是成倍增加，每天至少有几百只，这里对狗狗们无异于天堂。"好了！"我示意托奇可以开始撒欢了，当它轻盈地跳到地上时，我喊了一声，"跑起来！"一转眼，它就跑远了，时不时还用鼻子在地上嗅着气味。

我们的散步有着固定的规律，几乎总是走同样的路线，今天也是如此。大约走到一半的时候，我们在一棵倒下的树旁停了下来，这棵树躺在小路旁的灌木丛里。托奇像一只大猫一样敏捷地跳到粗壮的树干上，无论这棵树是干燥的、被雪花覆盖着的还是像现在一样在雨滴中闪着光，它都不在乎。我带着狗零食在树干上走着，当我们到达树根的部位时，我抱住了托奇，然后，躺在了木头上，仰望着那些光秃秃的黑色树梢。托奇觉得很困惑，它用鼻子戳戳我，想要继续前进。

现在，我们在森林里的散步时间比以往更久，因为我喜欢上了聊天，如果碰巧遇到其他的狗狗和主人，我很愿意停下来聊两句。养宠物的人拥有一个共同的平行世界，并且因为新冠疫情大流行的关系，宠物主们的联系也变得更加紧密了。没有规定在森林里遛狗必须戴口罩，这让我们格外珍惜彼此袒露的脸庞。

由养狗开启的闲聊，话题会渐渐延伸到人身上，我们开始分享彼此的生活。比如其中一只混种狗狗是运动健将，它总是试图甩开跟在自己屁股后面的托奇。狗主人告诉我，它是自己在度假时从西班牙带回德国的。"我们从来没有打算要养一只宠物。但是，我们在路上遇到了这只小狗，它当时被困在墙上的裂缝里，十分害怕，而且看上去营养不良，于是，我们就把它带走了。现在，这只母狗已经9岁了，但还是像小狗一样活跃贪玩。"为了拯救这条小生命，它的主人承受了很多的负担，比如烦琐的行政手续和不菲的治疗费用。但是，能听到这样的治愈故事，也确实是件美好的事。

有时候，狗的故事也交织着人的命运。有一次，托奇一直轻轻地撞一只爱尔兰猃，于是我向它的主人——一位头发花白的老人解释道："别担心，虽然托奇长得大，但它很温柔的。"对方听后，也充满爱意地谈论起自己的狗，他告诉我，这只叫黑兹尔的狗只要在家里的小花园遇到野猫，就会跳过去把猫赶走。而且，黑兹尔对自己的主人充满了同理心。"我的妻子瘫痪了，在她第一次坐着轮椅到露台上时，狗狗高兴地摇起了尾巴。

它或许不清楚那一刻对我妻子意味着什么，但它感觉到了她的情绪。"

尽管托奇又黑又高，还有大大的爪子，看上去有点吓人，但当它走近时，许多人都会对它微笑。即使是正在野餐的学龄前儿童遇到托奇，也不会害怕或后退，而托奇也总对他们带的野餐食物充满兴趣。"我可以摸一下它吗？"一个伶俐的女孩问道。托奇耐心地让她扒拉着自己脖子上的毛皮。不管到哪里，托奇似乎都能让身边的人快乐轻松起来，然后，很多美好的事情便接踵而至。不过，也有令人不快的局面。前几天，我和托奇就在树林里遇到了一个男人，他带着两只大丹犬，狗狗们在他身边怡然自得地走着。当托奇靠近他们时，那男人突然大喊道："请你马上把你的狗叫回去！"可是，当时并没有任何值得大呼小叫的情况，三只狗相处得很融洽，它们的玩耍就这样被蛮横地禁止了。托奇并没有立即转身，于是那个男人举起了皮带，威胁要打它。显然，像他这类狗主人是非常乐于欺负弱小，以此彰显自己的力量的。还有一次，我经历了相反的情况，一只霍夫瓦尔特犬嗅了嗅托奇，它的主人叫它回去，它却没有搭理。我赶忙说道："没关系，它们相处得不错。"但话音刚落，男主人便开始暴打自己的狗狗了。

在我决定托奇是否可以接近另一只陌生的狗之前，

我会先看看对方的主人——看他是如何与自己的狗沟通的，看他的肢体语言是否积极开放，看他是否有敌意。在我还没有养狗的时候，当我遇到一个陌生人，我会先看他的表情，然后再看他的发型、衣着和其他的外在信息。但现在，我只对一个人如何对待他的狗感兴趣。

在散步的后三分之一路程，我们遇到了一位带着西班牙猎犬的老妇人。这组的人和狗都走得很慢，狗肚子沉重地拖着，碰到了森林的地面。它的身体明显肿着，我问老妇人狗狗肿胀的原因是不是肿瘤，对方证实了我的猜测。"我开始养它的时候，它就已经得了肿瘤。那时它12岁，现在已经17岁了。它喜欢散步，喜欢坐在沙发上，有这么一只狗，我很满足。"托奇正好奇地闻着猎犬的肚子，一只灰狗突然冲了过来，把前腿和上半身平放在地上，后背向上伸展——这是一个玩耍的邀请。

托奇表现出了一点兴趣，灰狗便撒欢地跑了起来，用极快的速度绕着我们转圈。托奇开始追着它跑，但跑了一会儿就放弃了，它撒气似的用后腿把一堆树叶踢向空中，似乎在说："我才是这里的老大。"那一刻，我突然觉得托奇应该取名为"佐罗"或者"角斗士"，我甚至很想搞清楚，托奇是不是会青睐一个更阳刚些的名字。

每次只要距离停车场不太远了，我就会把托奇拴在牵引皮带上。在跳进后备箱之前，它会用力地甩头抖身体，甚至口水都被甩到了空中。回到家后，我会用抹布仔细擦去它爪子上沾到的森林泥土，在这些时刻，我们之间的关系是如此真实而温馨。我的狗是真实的，它在这里，不是虚无缥缈的一个念头。然后，在体会完真实的世界后，我会再爬两段楼梯来到阁楼上，坐在办公桌前，回到抽象和想象的世界中。

　　与在树林里散步相比，封控期间在附近街区的散步更有了超现实的意味。石头、沥青和混凝土构成的环境是如此安静凝固，就好像有人在推着这些风景从我们身边经过。偶尔，我也会在街区经历一些意外，比如有一天我在散步遛狗时，一只小杰克罗素猃突然在一个行车入口处对着我大叫。我仔细一看，一位老年女性正躺在车库的车道上，似乎昏了过去，而地上的牵引绳显示她正在遛狗。"你还好吗？需要帮忙吗？"我赶过去问道，老人动了动身体，说自己半路觉得太累了，于是想休息一下，结果睡着了。我送她回了家，她告诉我她快80岁了，自己一个人住，她的儿子会时不时过来看看她，并帮她买些东西。

　　还有一次，我和托奇在晚上经过一片草地，一群年轻人正围坐在公园的长椅旁，手里拿着啤酒，玩着音乐。突然，一辆警车闪着警灯，向着那些人疾驰而来，笑声顿时中止了，年轻人们尖叫着散开，长椅旁只剩下一堆喝了一半的酒瓶子。我不知道究竟是周围住户报的警，还是警车刚好巡视到这里，但愿那些年轻人不是被举报的吧。

"新冠病毒防疫条例"只允许不多于两个家庭的人见面，于是大家更喜欢遛狗了，但狗对这事的态度还跟以前一样。住在市中心的朋友们开始约我去树林里散步，以前，他们会在闲暇时间去逛画廊，而现在，他们穿着黑色风衣、人造皮革背心和彩色运动鞋站在我家门口。过去我们没时间聊的话，现在可以聊个够，我们找到了新的沟通角度，重新了解彼此。我曾和一位朋友发生过一些不愉快，为此我在很长一段时间里对他充满抱怨，但现在，他对我的狗表现得非常亲密，而且狗狗也很喜欢他，准确说，托奇对我的任何一位朋友都不如对他那样亲近，他们之前从未相处过，却建立起了一种出人意料的亲密感。顿时，我对之前的一切都释怀了。

而我的另一位朋友则对托奇十分冷淡，托奇也对他不感兴趣。在狗狗的面前，他会向后退，轻蔑地做鬼脸，并且拿狗开玩笑。到目前为止，他还没有碰过托奇，他甚至觉得和一只动物建立联系的想法是很荒谬的，认为根本不值得花这份精力。根据我对他的了解，他之前对整个世界都一直保持着嘲弄的态度，但是，直到看到他对待狗的方式，我才意识到了他的情感有多狭隘。

我常觉得，狗是衡量一个人同理心的试金石。狗狗揭露了一个人的软技能*的强弱。即使没有养狗，我也知道我的先生是一个伟大的人文主义者，而且富有同情心，但他和托奇的关系，则充分体现出了他的关心能有多全面。他比家里的任何人都更关注狗吃了什么或者不吃什么，他会记录托奇行为的每一个变化，对最轻微的症状也能做出反应。他就像一张具有保护属性的温暖毛毯，把爱围绕在所爱之人的身上。

早上八点半，托奇坐在大厅里，眼睛盯着前门。虽然它看不懂时钟，但却能知道遛狗师梅兰妮已经把车停在房子前，要来接它了。托奇显然把梅兰妮车子发动机发出的噪声归为了一类信号，梅兰妮每周会来两次，如果在其他日子有一辆同类型的车碰巧经过，它也会竖起耳朵仔细倾听。于是，在我家的每个周二和周四都会上演同样的一幕：在梅兰妮还没来得及按门铃之前，托奇就已经从大厅里跳起来，狂奔向门口并开始推门。如果

---

*　软技能是情商（EQ）的社会学术语，它由一系列能够反映个人特质的要素组成，这些要素包括一个人的人格特质、社交能力、与人沟通的能力、语言能力、个人行为习惯、待人友善、积极乐观等。——译注

它听到了车上狗的叫声，就会发出充满渴望的叫声，当我慢慢打开前门让它出去时，它表现得兴奋极了，尾巴猛烈地敲击着墙面。往往是门刚开了一道缝，它就已经蹿到了外面，像山羊一样围着梅兰妮跳跃，欣喜若狂地跟着她走向巴士。托奇对梅兰妮的态度宛如初见时一样，一见到她就狂喜不已，以至于她不得不让它冷静下来。"别叫了，托奇！别这样！"在去车里的路上，她说道。当她推开面包车的侧门，让托奇跳进去时，其他的狗都大声发出迎接的犬吠，它们听起来都很激动，也很开心。

托马斯·曼也是一位终身的爱狗者和养狗者，在他的经典作品《主人与狗》中，他将狗的生活描述为一种持续等待的状态——狗狗永远在等待下一次出去散步。上一次遛狗结束刚开始休息时，这种等待就开始了，而且会无限期地循环下去。鉴于托奇在狗巴士上难以自制的喜悦，我很想知道：让宠物犬感到高兴的是纯粹的散步？还是其他狗的陪伴？或者是和同类在一起时的认同感？

"狗想要什么呢？是其他狗。人类只是一个有点像狗的次级替代品。"人类学家伊丽莎白·马歇尔·托马斯（Elizabeth Marshall Thomas）这样写道。几十年来，托马斯一直与一群狗生活在一起，并以这种方式近距离地研究这些动物的生命。她将这些经历与自己的见解撰写成书，取名为《狗的秘密生活》(*The Hidden Life of Dogs*)，1993 年在美国出版后，连续几个月都登上畅销书排行榜。我非常喜欢这本书，即使现在距离成书已经30 年了，里面的内容看起来依然非常精彩，回味无穷。

托马斯出生在 1932 年，她开拓性地选择了一种深入了解狗之本质的独特方法：她给了她的狗——最多时高达 11 只——尽可能多的自由。没人对狗狗进行训练，它们从一开始就可以自由地决定要干什么。20 世纪 70 年代，在许多地方，为了避免人与狗发生冲突，狗仍然时不时挨打，而人类则是毋庸置疑的主导角色。在这样的环境下，托马斯在美国东海岸大学城的家就像是狗的"夏山学校"。夏山学校是英格兰著名的寄宿学校，因极具改革精神而闻名，在这里决定教育规则的不是教师或家长，而是学生，他们可以自主决定是否要上课、做游戏或者进行体育运动。

托马斯对狗狗的做法也是一样。她写道，狗狗们潜移默化地互相学习，并且学会了所有必要的事。年轻的小狗会模仿年长的狗，并从它们那里学到一些关于家庭和清洁的事。"当召唤狗狗时，所有的狗通常都会主动过来，只有当我们的愿望与它们心中至关重要的事发生冲突时，它们才会拒绝。"那只名叫米沙的哈士奇小公狗是她故事中的主人公，有时候，它会连续好几天出走，托马斯就在晚上跟着它四处游荡。在米沙来到陌生的地方时，它会根据空气中的气味来定位自己，就像鱼是根据海水中水流的味道来定位自己一样。当狗发现有可以追求的对象时，会马上改变原本往前看的姿势，并向对方投去一个"快速而和蔼可亲"的目光。在托马斯的探索中，她实现了自己的愿望："我想让它在从一只狗看向另一只狗时，也能看看我。我希望一只狗看着我，看到的不是另一个人，而是一个酷似它同类的亲戚。"

托马斯的书证实了我的想法，从狗的角度来看，人类再真诚炽热的爱，也比不上和其他狗狗待在一起的感觉。所以，在病毒肆虐的时期里，尽管家里完全不缺愿意遛狗的人，我还是继续给托奇预约了职业遛狗师。在病毒阴影下，托奇代表了大自然和谐、友好的那一面，即使是在被迫封控的时候，它仍然迸发出无法抑制的生命能量。和它在一起的每一次散步，对我们来说都是一次令人愉悦的休息。

为了了解托奇，我花了三年时间进行密集的训练。虽然我和托奇的关系很亲密，但它在我身上确实看不到任何同类的影子，所以，我也不再抱有任何幻想了。只有当我手里拿着一块奶酪的时候，托奇才会给我一个和蔼可亲的眼神，就像托马斯从米沙那里得到的那样。但是，托奇还不能像米沙那样自由自在地生活，即使我愿意，也不可能让它彻底释放天性。2021年，柏林正式登记的狗狗数量约为 11.8 万只，加上非法的狗，这一数字估计会高达 20 万。在城市里，养动物是有严格规定的，比如在行人专用区和公共建筑中，必须用不超过一米长的牵引绳牵着狗；狗的粪便必须由主人收集和处理；大型犬在公共交通中需要支付车票；像比特犬这样凶猛的犬需要佩戴嘴套。根据全德国最严格的法律之一——柏林《犬只管理办法》的规定，儿童游乐场普遍禁止带狗，并且在所有的公共场所，狗都必须拴牵引绳。以上规定不包括一些特殊的户外活动区域和 12 个森林区域。

为了让托奇在我们附近的狗草地上自由撒欢，我必须取得一张养狗许可证，来证明我能够控制住我的狗。实际上，我不认识任何通过考试的人，但所有的狗主人确实都很小心，不愿因为自己养狗而打扰到其他人。有些人甚至会去收拾其他狗狗的粪便，这样一来，附近的邻居就不会因为狗狗而影响心情。

不过，养狗的人和不养狗的人也会偶尔发生冲突。几年前，我所在的地区就有过一次分歧，当时的市长决定禁止狗狗在两个人气颇高的湖泊岸边散步，于是有那么几个月的时间，狗狗即使有牵引绳也不能在小径上出现。不过后来，行政法院推翻了这一规定，因为当地一位居民是名律师，而且养了一只匈牙利短毛指示犬。他提起了诉讼，还起草了一份公民倡议书，数千名愤怒的狗主人在湖边示威，养狗的人和不养狗的人形成了面对面的对峙。

作为生活在柏林这个大城市里的一只宠物犬，托奇夹在了人类家庭和同类之间，而我也经常觉得自己处于两个世界之间：一个是内部世界，我和其他狗主人一起分享心得，彼此不需要解释任何事；另一个是外部世界，在这个世界里，不养狗的人对我为狗付出的努力感到恼火，他们并不是想贬低或者评判我，而是他们根本无法理解我为什么要这样做，就像我自己在养狗之前也无法理解一样。

"托奇的生活太棒了！它就一直躺在那里观察我们。"我儿子这样说。作为一名高中毕业生，他正要开始尝试独立生活。现在正是离开"巢穴"的前夕，所以，他尤其羡慕狗生的简单和易满足。在疫情肆虐的环境下，托奇让我们比以往任何时候都更紧密地联系在一起，它巩固了家庭的感情，弥补了彼此的裂痕。身为父母，我们现在经常和孩子们躺在地板上，和托奇一起玩耍。在托奇的那些可爱时刻，我们还会大呼小叫，召唤大家都来围观。即使没有其他话题可说的时候，我们也可以聊聊狗狗，而在有话题可讲的时候，我们也会挑选带狗一起外出的时候再说。

狗狗的瑞士之旅

和狗一起旅行，会带来全新的体验，既是一种改变，也是一种和解。

在一个非常炎热的夏日，我们在图宾根（位于德国巴登－符腾堡州）的一间酒店里用电脑观看电影。城市上空弥漫着令人窒息的闷热，没有一丝微风，我们穿着睡衣懒洋洋地躺在床上，托奇则气喘吁吁地躺在一旁的地板上。它的胸膛以极快的速度起伏，并抬起头来，直勾勾地盯着墙。即使我蹲在它面前，想让它把头搁在地板上，它也继续保持着直立。不管是温柔的嘘声，还是充满力量的"趴下，托奇！"，都没法让它换一种轻松的姿势。然后，它突然穿过房间，向浴室走去，把沉重的身体倒在门槛上，头倒在凉爽的瓷砖上。它就这样躺了一会儿，看起来十分平静。

这是新冠大流行后的第二个夏天，也是我们第一次带狗进行家庭度假。尽管此时已经取消了一些限制，但我们仍然决定开车旅行，以此减少风险。并且在我们看来，开车出行方式感觉很好，让人很舒服。

在过去的几年里，每次我们去旅行的时候，总会把托奇放在寄养中心，或者安排一个人在家里照顾它。在第一个夏天，寄宿中心是我们心目中的最佳解决方案，工作人员还给我们发了照片和视频，记录托奇在勃兰登堡的遮阳伞下懒洋洋地躺着，以及和其他狗一起在游泳池里玩水的情景。当时我们正在意大利度假，这些小片段成了旅行中的彩蛋，我们反复看了好多遍。

但这些照片和视频是有欺骗性的，因为第二年，当托奇从寄宿中心回来的时候，它的腿瘸了，开始慢性腹泻，而且脾气变得暴躁，就像小学生刚远足归来一样。显然，几只狗之间发生了摩擦，托奇可能被咬了，这导致了关节发炎——但无论发生了什么，托奇也不会开口说话，即使它吃错了什么，也没法吐出来了。我们并非没有准备，我们特意将一大袋托奇平时吃的狗粮送去了寄宿中心，但它或许更喜欢吃其他狗碗里的东西，就像一个小孩子会兴高采烈地和同学交换食物一样，哪怕对方的是垃圾食品。我们也想过寄宿中心里虽然有专家的照顾，但那里对托奇而言都是陌生人。这或许就是把自家狗狗和其他十只不同品种、不同脾性的狗放在一起的代价吧。

即使没有新冠封控的限制，带一只像伯恩山犬那么大的狗进行长途旅行，所能选择的交通工具也没有什么余地。长时间的火车旅行是不可能的，因为狗狗没法休息和小便。乘飞机旅行则需要把托奇放在货舱里，和我们分开，但对我们而言，这样把它当作行李托运是不可能的。如果是去坐船，哪怕是较短的航程，它也必须待在甲板上的一个箱子里。而如果是乘船穿越大西洋，托奇会被安置在一个专门的动物区域，虽然这比飞机的货舱更舒适，但仍然是由陌生人照顾它，而且活动空间也非常有限。就拿从南安普顿到纽约的航线来说，玛丽女王 2 号游轮里有 24 个狗狗客舱，航务人员会为宠物提供食物和水，并让它们在一小块草皮上遛弯儿。主人虽然可以随时在宠物甲板上见到宠物，但不能将它带回自己的房间，而且，这样的旅行花费更是不菲——每次带狗乘船都要多花 1000 美元左右。首先我确实负担不起，其次人和狗都可能晕船，再加上狗狗长时间航行可能会很想家，所以还是作罢了。我一直很喜欢去美国旅行，只是如果想要带上狗狗一起的话，目前来说，就只能是个遥不可及的梦。

基于以上种种考虑，今年的夏天，我们决定不再像往常一样飞往南方，而是开车去托奇的老家：瑞士伯尔尼的高山地区。为了让它能在从柏林到瑞士山区的长途跋涉中有足够的空间伸展身体——它应该享受狗生，不受任何委屈地好好度假——而且，也为了有足够的空间放我们的行李（包括狗毯、狗粮和狗玩具等），我们租了一辆更大的车。这辆厢式客车带有侧边推拉门，后排座椅可以向前移动一大块，后备箱里的狗狗能有很大的活动空间。而且，这辆车的大小和颜色很可能让托奇想起了梅兰妮的狗狗巴士，因为当我们在租车处取完车时，它比以往任何时候都更愿意跳上车，反倒是让它出来要费上一些工夫。

为了避免给狗狗造成压力，我们将路程分为了两段，图宾根是我们的中途停留地，也是我们和托奇在旅馆共度的第一个夜晚。我办完了入住手续，来到房间刚想去洗个澡，这时，门口传来了一阵急促的敲门声。原来，托奇不知道什么时候溜走了，它不仅在旅馆里四处游荡了一番，还大摇大摆地参观了厨房和餐厅。这是一栋民宿性质的乡间别墅，前台被托奇弄得有些手足无措，她请求我们把狗拴好。和狗一起旅行，真是一种全新的体验啊。

天渐渐黑了，但闷热并未消退，雷声在远处隆隆作响。我安慰托奇，用冰块帮它擦身体，但这无济于事。它依然坐得笔直，气喘吁吁，直视前方。它需要什么？我要怎么帮它？那一晚，我发觉自己不懂它。

110

　　狗狗和蹒跚学步的小孩一样，都喜欢熟悉的、居家的生活，不喜欢换地方（可见把狗送到寄宿中心不是个好主意）。在孩子们还小的时候，我总觉得假期旅行特别累人，因为外出面对新的事物，孩子们必须重新适应。不过，这种情况在孩子们成长中的某个节点发生了改变，长途旅行不再成为问题。虽然托奇也早已不再是一个小狗崽了，但这次旅行显然还是让它有些不安。情况会慢慢变好吗？在图宾根的那个精疲力竭的夜晚，我思索着这个问题，和狗狗一起生活，对于现代生活而言是个挑战。这只毛茸茸的动物不可能接受城市人的快节奏生活，与其把我对改变的渴望强加在它身上，最好还是我来适应它，这是一种改变，或许也是一种和解。

　　稍晚时候，旅馆的人给我们拿来了一个风扇。凉爽的空气让托奇渐渐平静下来，一整天下来，它第一次想吃东西了。当它大声地咀嚼一根骨头时，爆裂的声音在黑暗的房间中呼啸而来，我甚至能听出它有多快乐。吃饱后，托奇跑到浴室的地砖上休息，我们也睡着了。半夜，我被一声喘息吵醒了，我感觉到自己的脸上有一撮毛，原来是托奇在检查我还在不在。第二天早上，它兴高采烈地摇着尾巴迎接我们，这一晚它休息得很不错。

　　车行驶在公路上，透过窗户，可以看到远处就是瑞士的阿尔卑斯山，还有郁郁葱葱的绿色草地和闪闪发光的湖泊。"关掉手机，看看风景吧。"我从前排座位扭过身子对孩子们说道，这俩人一直在用智能手机看电影。"我能为你做些什么？"车载电脑突然发出了声音，我赶紧把它关掉了，即使在这里，远离都市和工作，科技与自然也会相互阻碍。当我们到达伯尔尼山区的时候，托奇平躺在后备箱里睡着了。

一个小时又一个小时，我们穿过了劳特布伦南山谷（Valley of Lauterbrunnen），继续往山里开。在海拔1500米的高度，我们到达了一个小村庄，村庄由一些像玩具一样散落在山坡上的小屋组成。村子还有一个公共汽车站和缆车站，深红色的车厢上面写着"可以容纳八个人，或一头牛"。车站的餐厅提供小菜和咖啡，但这里没有杂货店。

村子的尽头处有一家山间农场，我们必须从那里往山下走大约50米，才能到达我们的度假小屋——这也是我们接下来两天旅程的所在地。"请您稍等，我们这里有一场牛戏可以看。"农夫的妻子说道。这是一位穿着紧身裤和赭色亚麻布连衣裙的年轻女子，她和丈夫一起在这海拔1500米的地方经营农场，和他们一起住的，还有祖父以及一岁半的儿子。

这场牛戏讲的是：有一头来自索洛图恩（Solothurn）的母牛要来这里过夏天，出发前它惊慌失措，因为它不习惯高山，所以，当它被人带到山坡上时感到很害怕。没有人安抚这只不安的动物，它于是躲进了大树下的某个地方。一个试图抓住它的帮手摔断了脚，兽医也被叫来了，带着两支步枪到达了农场，必要的情况下，他必须射杀那头发疯的母牛。

看完牛戏，农夫的妻子带我们来到小屋。她指着围着牧场的电栅栏说道："这是通了电的，狗要是碰一下，一定会记得很牢，再也不会去碰了。"或许是她感觉到了我的不安，赶紧补充解释道，"狗会被电击一下，但是不会死的！"

两头母牛跑了过来，这真是令人印象深刻的棕色生物，它们好奇地嗅着托奇的屁股。托奇并不喜欢这样，我和托奇作为两个娇生惯养的城市居民，而今在崎岖的山地世界里学到了第一课。

要到达建在陡峭山坡上的小屋，必须穿过高高的草丛。这之前，托奇只见过草坪，此刻眼前伟岸的草丛让它有些困惑。但很快，它就开始在斜坡上来回奔跑了，以至于到了门前的时候，它不得不紧急减速。这座有着200年历史的小屋完全是用木头建造的，电力来自太阳能电池板，因此在热水用完后，有一段时间内会没有热水。我们要想做饭的话，可以用一台双眼煤气灶，容易变质的食物要储存在一个凉爽的前厅里。小屋里储存了不少已经劈开的木头，晚上可以用这些木头生火取暖。透过窗户，可以看到少女峰（Jungfrau）和西侧的艾格尔峰（Eiger）、僧侣峰（Monk）一起银装素裹地耸立着，这壮丽的山景，让人恍惚感觉自己正身处与世隔绝的地方，简朴的小屋顿时变成了一个神奇的居所。第二天早上，卧室的窗户下有几头牛在吃草，它们每走一步，脖子上的铃铛都会叮当作响。年轻的农夫和几个帮手用大镰刀在小屋前的草地上割草，沿着山坡从下到上，专注地劳作。天气预报今日下雨，所以想要干草的话，就必须及时把草放到屋内去。在没有被播种和修剪的地方，毛茛、勿忘我、雏菊肆意绽放着，蒲公英、野罂粟、马尾草、洋甘菊和三叶草旺盛地生长。一只老鹰只扑棱了几下翅膀便腾空而起，在空中匀速向前滑行，蜜蜂和蝴蝶在草地上嗡嗡作响，空气清澈，还带着些许凛冽。树梢上的风呼啸而过，像是锯子在收割什么东西，还有远处瀑布的声音——一切仿佛是一首被时光遗忘的田园诗，用完满和美丽彻底征服了我们这些精疲力竭的都市人。路边的自动售货机里还能免费抽出用来装狗屎的塑料袋，这里真是一片世外桃源。

预告中的大雨姗姗来迟，但终究还是来了，成片的乌云升腾起来，笼罩在山顶上，又沉入了山谷。雷雨倾泻而下，很快，潮湿的草木味道就在空气中弥漫开来。

门外，年轻的农夫肩上扛着儿子，沿着小路漫步，雨水从男孩的脸蛋上淌过。农夫说，小男子汉（他们这里对小男孩的称呼）喜欢下雨，他们俩看起来非常开心。

两天后，托奇对这里的一切已经如鱼得水了。它完全适应了陡峭的山坡，还在小溪里蹚水。散步时，它像雄鹿一样骄傲地跃过草地，臀部起伏着，像在草地上蝶泳一般。它运动的方式和在城市里完全不同，更安全也更敏捷。之前，在它生长发育期的时候，我们很担心它会在树林里快速跃过灌木丛时摔断骨头，但是在山区里，当我们看到托奇熟练地把全身重量分散在腿上，轻盈地穿行，我们就明白了那些担心实在多余。有时，在高高的草丛中，我们只能看见托奇竖立的尾巴，就像潜艇的望远镜一样，显眼地伸出来。有时，它会滚来滚去把自己卷起来，就像个小孩子一样开心。

或许，是因为回到了瑞士的故乡，所以它才变得如此放松自如吧。在伯尔尼州的杜巴克（德语：Dürrbach）村，那片位于伯尔尼高地的高海拔农场里，托奇的祖先是农民饲养的狗，专门负责在这偏远的农场里赶绵羊和拉牛奶车。伯恩山犬对人类友好而忠诚，并且工作可靠，人类对它们赞誉有加。而它们的主要工作内容包括看护牲口、警示危险，偶尔也会拉货，比如装着牛奶瓶等小型货物的手推车。

几个世纪以来，农民们一直在根据狗的能力和用处来做筛选，即：保留和多养那些尽职尽责、不出问题的狗。随着时间的推移，这种选择塑造了后来伯恩山犬的遗传特性，但伯恩山犬的血液中依然带有放牧和守卫的天性。

直到 19 世纪中叶，现代意义上的动物福利才真正出现。很多人并不知道，在那之前，农民的生活还很困难，没有人养得起无用的"食客"，不符合预期的狗会被杀死，因此为了生存，狗也必须发挥功用。我们今天所知道的纯伴侣犬，在当时被认为是多余的奢侈品。一直到 19 世纪，伯恩山犬的祖先都没有名字。在杜巴科克山谷（德语：Dürrnbachtal），它们被称为高效的工作犬，由于它们脸上有浅棕色斑纹，它们也被戏称为"黄脸犬"，而如果是眼睛正上方有浅棕色的斑纹，就会被称为"四眼犬"。

20 世纪初，一些农民的狗在瑞士的展览上得到展出。1907 年，一些爱好者——其中包括苏黎世大学教授兼地质学家阿尔伯特·海姆（Albert Heim）——决定培育一种纯种狗，并将其命名为伯恩山犬。作为狗展的评委，海姆创立并推广了几个瑞士山犬的品种。他是一位思想新锐的男士，他的妻子是瑞士第一位开立自己诊所的女医生。而在繁育犬只方面，海姆的目标是培育一种适合家养及农场生活的狗，这一犬种不仅应该是善良能干的工作犬，而且应该是美丽的。

托奇祖先的故事就这样开始了。当人们看到托奇时，总会忍不住问："这不是脖子上挂着小桶的那种狗狗吗？"但挂小桶的其实是瑞士的圣伯纳犬*，这种狗的官方历史比伯恩山犬要早 20 年。最初，圣伯纳犬也被用作搬运犬，但后来逐渐成了雪地里的搜寻犬。

围绕着小木桶还有很多传说。有人说里面装的是烈酒，还有人说是一种神奇的药水。但搜索犬是否真的需要在脖子上戴这样一个小桶，尚且没有定论。

在山里，托奇不仅比在柏林更快乐，对人类也更多了份责任心。在这种环境中，它基因里的守护天性得到了加强，而在家里，它表现得像一个自私的人——一个只专注于自己的快乐、一有机会就想戏弄我的人。而今在这里，它尤其关注我们四个人类，它会把我们视为一个牢不可破的群体，并时刻保证每一个人都不掉队。

有一次，我们在徒步旅行时分开了，一个人回到山谷，三个人继续往上爬。托奇在我们中间停了下来，像

---

* 1831年，英国画家埃德温·兰西尔（1802—1873）创作了《阿尔卑斯獒激励失意旅行者》的情景画，在画中有两条圣伯纳犬，其中一只狗的脖子上佩戴着一个小木桶。他之所以这样画，只是为了让画面看起来更有趣。但从此，脖间的小木桶成了圣伯纳犬的特色。——译注

被冻住了一样，既不向前也不向后。它显然有点困惑，无法决定自己要加入谁。当继续往上爬的人从它的视线中消失了一会儿后，它才不情不愿地小跑跟上他们。

在瑞士，它似乎终于找到了展示自己能力的机会，并激发出了之前无法想象的潜能。有一次，一个孩子爬上人行道旁一块近人高的巨石，托奇勇猛地跳了起来，抓住了几乎垂直倾斜的石头，就像一只猫一样。尽管巨大的重力让它难以再向上，但它仍然支撑着身体在上面停留了几分钟，然后，它跳了下来，回到坚实的地面上。有那么一瞬间，不知道是不是我的错觉，它看上去似乎很失望。

还有一次，我们徒步到了上行树带界线。那天，天空是明亮的蓝色，太阳像是在燃烧。穿着一身"皮草"的托奇在攀登过程中逐渐变得紧张，它一次又一次地在岩石的凸起下寻找阴影，并从随身携带的瓶子里喝水。我们休息了很多次，慢慢地走上了一条狭窄的小路，就在到达目的地——一个高山湖泊之前，我们经过了一片雪原。托奇在雪地里愉快地翻滚着，就像一头野猪在老橡树上蹭皮毛那样。之后，我们还经过了一条山间小溪，托奇自信地跳到溪水的另一边，然后又涉水回来，在小溪里啜饮。我想，在家里时，托奇每天面对着街道上千篇一律的风景散步，一定觉得很无聊吧，相比起来，此刻的经历对它而言是多么珍贵。

经过两个小时的攀登，我们终于到达了目的地。波光粼粼的湖面在山谷中闪耀着翠绿色的光芒，仿佛是镶嵌在光滑的岩石和草地之间，小而敏捷的鱼在湖里欢快地游动。托奇跳上一座小山，坐在石头上，从上面俯视着湖水，就像拿破仑指挥战斗时那样桀骜霸道、昂首挺胸地查看着下方的一切。

我想去游泳，但脚还没伸进冰冷的水里时，托奇就跳了过来，果断地用身体挡在我面前。它坐在我的脚上，当我想把它推到一边的时候，它抓住了我，我被它救我的行为感动了，随即放弃了游泳的念头。我们坐在草地上分享点心，托奇吃着美味的奶酪和火腿培根，经过艰难的攀登之后，大家都吃得特别香。在正常情况下，我们不会用这些食物去喂托奇，但在这里，当它在湖边对我进行了勇敢营救后，我们自然而然地分享了食物。这不是贿赂，而是出于一种团结。这是平等的一餐。

突然之间，我对托奇萌生出一种新的尊重。在这里，它比在柏林更加自主，它不允许自己被服务和命令，而是独立行事，并谨慎地做出决定。在城市里，它天然地不如人类，没有人的指引，它就会迷失方向。然而在山上，人没有任何优势，雷雨或落石对人和动物具有同样的威胁性，在这种情况下，动物的本能让它们比人类更安全。

在山里，大自然打破了对狗的束缚，托奇释放了驯化过程中所失去的东西。在这里，它从仅仅是家犬的身份中解放出来，展示出更令人敬畏和钦佩的特质；在这里，我们平等地相处，动物和人类从智力和情感上谁都不比对方逊色。我感觉，托奇从来没有像现在这样与我惺惺相惜。

我们在小屋里住了大约一个星期，过着简单、自然、规律的生活。作为一个疲惫不堪的大城市居民，我觉得山间的生活似乎更为真实。只有两次例外，一次是我们上网看了足球赛，看德国队是怎么进入了欧锦赛的16强；还有一次，我在Instagram上发布了一张托奇在白雪皑皑的山峰前的照片，这照片活像典型的广告照，用来体现对于广袤自然的无限渴望。我们身处城市时也会喜欢这样的照片，但自己在与世隔绝的群山中，通过社交媒体发照片的形式来进行交流和回复时，我却觉得有点儿没意思。

晚上，托奇躺在小屋厨房的石头地板上，它的腿在睡梦中抽搐。它是梦到自己跳过草地吗？还是穿过了山间的小溪？有一次我半夜醒来，在去洗手间的路上，我摸索着穿过漆黑的走廊，突然间，托奇站起来到我身旁，兴高采烈地摇着尾巴，好像马上要出去玩一样。

在假期的最后两天，我们搬到了伯尔尼高地西部的一家酒店。酒店有着可口的美食，还有一个可以看到美景且非常舒适的无边大泳池。"多漂亮的狗啊！"有人从托奇身边走过时，发出了这样的赞叹。而这位因美貌被称赞的主角，正躺在大厅里，躺在燃烧的壁炉前，看起来就像一只非洲的长毛狮子，一只经验丰富的狂野猎手。从外观上看，它非常适合酒店的时尚氛围。这家酒店正如宣传小册子所说的，将"阿尔卑斯山的传统与现代的优雅"完美结合在一起，每个房间都配有设计感十足的家具和平板电视。

在筹备假期之旅时，我特意找了这家酒店，只因它能与山上小屋的简朴自然形成鲜明对比。在网站上，它的宣传语是"这是世界各地忙碌的人们在办公桌前做白日梦时所渴望的世外桃源"，我因此立刻就做了预订，彼时的我正身处大城市里，这样的描述看上去完全符合我的需要。但当我们真的搬进房间时，行李箱的轮子上还粘着牛粪，而我的脑海里还在怀念小屋的简朴，酒店房间的香水味和休息室的背景音乐显得格外陌生，我们似乎与这处宣传中的完美桃花源格格不入。在选择酒吧和餐馆时，突然冒出了那么多选项，也让我备感茫然。此外，我还得重新适应身边戴口罩的人群，在山间徒步旅行中、在山村里，根本没有人戴口罩。

但是显然，托奇比我经历了更大的冲击。房间里为它准备了两个碗和一张很小的合成纤维狗床，它对着这两个碗咆哮，用牙齿叼住柔软的床，疯狂地摇晃。看起来，它像是在对身处的环境进行反抗，这是一种愤怒的抗议。它试图跳跃，但在这个过分洁净的地方做这个动作，只能释放出它的挫败感。在这里，它不得不重新扮演起一个装饰品的角色，变回了一只家养狗，被套上牵引绳，也不能再自由地在开满鲜花的草地上跳跃奔跑。它很想保护在意的人免受危险，但现在，它变回了需要依靠人类的宠物。这一刻，我特别能理解我的狗，因为我也非常想念过去几天里的真实世界，想念牛铃铛发出的声响和摇曳的烛光。

"为什么这里这么干净？"当我们回程途中在伯尔尼停留时，我的儿子问道。伯尔尼是一座建造于中世纪的城市，托奇所属的伯恩山犬犬种就是因为这座城市而得名。伯尔尼是瑞士的首都，和柏林一样，伯尔尼也将一只熊作为城徽，在城里随处可见各种熊的标志——喷泉上、墙壁上、T恤上、旗帜上、巧克力棒上等。在这里，伯恩山犬也和熊一样会以钥匙圈、冰箱贴和冰激凌球等方式出现在纪念品商店，但奇怪的是，我在伯尔尼却没怎么见到真正的伯恩山犬。

我想象中的伯尔尼，应该到处都是大型犬，就像是伯恩山犬的世界之都。我还想给托奇买一个项圈——瑞士制造的皮绳，上面装饰着牛的花纹和黄铜花环。我猜想，这里的每一个街角应该都有卖狗狗用品的商店，但后来，我们在街上走了好几个小时，路过了很多卖瑞士军刀和大麻制品的商店，却并没有卖宠物用品的商店。我找不到项圈，甚至连能喘气的狗狗也很少看到。我们见到了一只头很大的狮子狗、一只戴着嘴套的拳师狗和一只皱巴巴的哈巴狗，但是，却根本没见到另一只真正的伯恩山犬。托奇看着行人，他们的反应大都比较冷淡，只是温和地微笑着、沉默着，全无之前旅馆里的客人或我家附近森林里的行人那样热情。

疫情第二年的 7 月，已经关闭了 8 个月之久的电影院终于重新开放。我真的很想在大银幕上看一部电影，最好就是现在，就在伯尔尼。或许听起来有些不可思议，但直到这次度假，在我养狗已经到了第四个年头的时候，我才突然发现在旅行中去看电影是不可能的，因为托奇不能被寄存到任何地方，也不能单独留在门外，更不能带它进入电影院。还有，带着狗狗进入博物馆也是不可能的，所以，我们只能从外面看看雄伟的伯尔尼大教堂。我不是在抱怨，我只是突然意识到了这些情况，仅此而已。

在伯尔尼，我还注意到了另一件事。这座古老的城市拥有着巴洛克风格的建筑立面和中世纪的拱廊，明亮的砂岩建筑和鹅卵石小巷，看起来非常完美，但同时，也散发着一种难以接近的冰冷感。城里几乎看不到一棵树，即使是公园，到处也都是柏油路、石头和混凝土，托奇很难适应。我们去了一家咖啡馆，当坐在户外座位上时，它突然开始用爪子猛刨沙地，于是，在服务员来我们这桌点单之前，我们就赶紧离开了这个"热情好客"的地方，走之前还迅速填平了托奇挖出来的洞，并用脚把地面踩实。显然，托奇不喜欢这个城市。

在家的时候，在离森林不远的郊外，我们都会让它肆意撒欢。但在瑞士首都的街道上，它似乎迷失了方向，显得格格不入。我强烈地感觉到，在山上度过了无忧无虑的几天后，对托奇这样体形和出身的狗来说，再作为宠物在大城市里生活真是一种折磨。人类压抑它与自然亲近的需求，并且出于自私的动机，试图让它适应一种更适合人类的生活方式。当然，这并不意味着狗过得不幸福，但是在这段旅程中，我体会到了狗狗为了和我们人类在一起而放弃了什么。或许受到影响的不仅是狗，过度文明的世界也强加给我一种生活方式，使我也与自然逐渐疏远，我的生活并没有我想象中那么自由。而托奇的家乡之旅让我度过了一段与大自然完全和谐的日子，这趟旅程满足并释放了我内心对于原始和真实的渴望，原来，我一直都有这种渴望。托奇就像阿尔卑斯山的恢宏全景、像郁郁葱葱的草地、像瑞士的巧克力一样，是纯洁和善良的象征。

回到柏林，我们发现原来这里的草地是那么的青黄不接，落叶林是那么的单一，和瑞士丰富多彩的森林根本无法相提并论。旅行回到家几天之后，我先生在森林里遛狗时，突然问我："你是不是心情不太好？"

"嗯。书写得不太顺利，写作的思绪断了，我有点发愁。"

"我问了狗，"他笑着说，"它在想念瑞士。说不定，它现在才意识到自己在这里过得有多糟。"

是因为爱，还是睾酮？

狗狗只能做出条件反射的反应这种旧观念完全过时了。

研究表明：狗具有同情心，对人类存在情感。

人与狗在一起时的心率是同步的，双方的心脏是共同跳动的，或许这就是共鸣。

礼拜天的早上，我第一个起了床，房子里很安静。托奇躺在厨房地板上睡着觉，当我煮咖啡时，它懒洋洋地睁开了一只眼睛，身体却一动不动。过了一会儿，我坐在隔壁的沙发上，用手捂住脸，开始呜咽。我和托奇中间隔了两扇门和一堵厚墙，我不确定，它能否感觉到我的痛苦。

我的呜咽是演出来的，我的演技很不错，这是我的一次刻意考验。在一本关于狗和人的关系的书中，我读到了一系列的实验，在这些实验中，受试者要给他们的狗表演一种不安的情绪状态，来测试动物的同情心，这也正是我现在做着的事。一段时间以来，我一直在想，托奇是真的单纯爱我，还是因为我给它带来的好处而爱我？

在科学实验中，狗主人被要求一会儿哭泣，一会儿哼小曲儿。结果表明，狗狗会更多地接近哭泣的人，而不是欢快地哼着歌的人。我有充分的理由相信托奇会来关心我，但我仍然很紧张，托奇面对我的呜咽会不为所动吗？假设它拒绝展示对我的爱，这种失望会对我们的关系产生什么影响？

我呜咽得更大声了，抽泣着，擤着鼻涕，演技渐入佳境。接下来，我听到了脚步声。托奇从厨房穿过餐厅，跑到了我所在的起居室。它用鼻子戳着我的手，舔我的脸，蹭我的身体，显然，它想要安慰我。我抱住了它，把脸贴在它温暖的身体上，向它倾吐爱意。当然，我并不能确定它是否对我有真正的感情，或许它正暗想道："这个老家伙或许又想出了些非常愚蠢的游戏，但我先配合着她玩一会儿吧，肯定会有好吃的等着我。"但无论如何，它的安慰深深地触动了我，我想，没有狗能假装得那么具有说服力，这种感觉太真实了。

但动物真有爱的能力吗？我们人类究竟是不是唯一拥有感受、思维、语言和痛苦的生物？爱的能力和意识——尤其是明白自己终将死去的意识，是我们人性的核心。那么，人类和动物的人性化之间的界限到底在哪里？在很长一段时间里，狗甚至都没有被法律定义为财产，它们没有法律价值，任何偷走它们的行为都不算违反法律。直到1990年，法律才不再将动物视为"物品"，从那以后，动物保护有了诸多进展。比如2001年颁布的《动物保护条例——犬只保护》规定了收容所的最小面积，并且小狗最早在两个月时才可以与母狗分开。在一项法律草案中规定，按照瑞典的模式，每天至少要遛狗两次，总时长不少于一个小时。还有规定指出如果一个人不能善待狗，就可以剥夺他养狗的权利，从而让养狗也变成一种特权。

如今，律师、生物学家和哲学家仍在争论动物是否也应该有可强制执行的权利，而不是像以前那样只获得极其有限的保护。围绕着这个问题，还产生了一个独立的科学领域，即"人类—动物研究"。该领域的一项研究阐述了肉类消费与男子气概之间的联系；科学家们还研究了动物管理与人的社会差异、性别等因素是如何相互影响的。

此外，还有一项研究认为，使用有对照性质的词语——比如精神和本能，或者用餐和进食——会在人与自然之间画出一条鲜明的分界线。通过将具有贬低意味的属性归于动物，我们将自己和它们区分开来。

直到大约 200 年前，人们才认为动物也是能够感受到痛苦的。1822 年，英国通过了第一部动物保护法（而德国在 1933 年才通过），不久之后，第一批动物福利协会成立。1837 年，一位德国牧师在斯图加特成立了"防止虐待动物的爱国协会"，协会的议程重点与其说是改善动物的状况，不如说是对人类进行习惯与道德方面的教育。所以，他的目标仍然是以人类为中心的。

1975 年，澳大利亚哲学家彼得·辛格（Peter Singer）通过其著作《动物解放》（Animal Liberation）奠定了现代动物伦理学的基础。辛格认为，人类没有权利因为一个生物属于某人而贬低其价值，他将这种人类将自己凌驾于所有其他生物的行为以及对动物的剥削称为"物种主义"，并与种族主义和性别歧视进行了比较。其支持者要求将"保护动物的尊严"这一理念也加入道德范畴。

如果你问我对以上问题作何感想，毫无疑问，我认为我的狗是有尊严的。如果把尊严定义为生存与风度之间的平衡，就像作家加布里埃尔·冯·阿尼姆（Gabriele von arnim）在她的杰出作品《生活是一种暂时的状态》（*Life is a Temporary State*）中所写的那样，那么托奇应该得到最高的评价。它的本性真诚，外表优雅。它不会自吹自擂，不发牢骚，不情绪化也不浮夸，还不会反复无常，甚至不会表现出情绪的波动。

托奇很有魅力，这一点毫无疑问。它的姿势堪称雄伟，有时候，它趴在地上，前腿向侧面伸展，看起来像一架刚刚降落的飞机。有时候，它把身体向后推，后腿贴在墙上，像在做瑜伽的人一样。当它把前腿放在一起时，就像一个人在盘腿而坐。尽管它重达45千克，但动作却很优雅，它能轻盈地跳过树干，或者像芭蕾舞演员一样优美地跳过灌木丛，因为它的体重，所碰到的植物全都扭动了起来。

它有着奇特的怪癖。当家里有人过生日，我们唱生日快乐歌的时候，它会愤怒地吠叫，烦躁地绕圈跑。它还经常会对着户外的佛像咆哮。如果电视中有狗吠叫，它会跑去电视机后面，检查是否有一只狗藏在那里。在得到一根骨头时，它会高兴地跳来跳去，并从各个角度观察这块骨头。当它觉得有些烦躁，会把头埋在狗床下方、窗帘后面或者灌木丛里。如果外面太热，它就会躲在长椅下。在我们吃饭的时候，如果发现了它正偷偷靠近餐桌，它就会把头转开，以为只要它不看我们，我们就看不到它。有时候，它会盯着一堵白墙看好几分钟，好像有什么可怕的事情正在那上面发生。

怎么会有人认为这样一只狗是没有意识、没有灵魂的呢？又怎么会有人认定动物的叫声不是有感情的表达呢？而这正是 17 世纪哲学家笛卡尔的观点。他把语言等同于智力，把动物降级为像机器一样工作的生物。当时正处于启蒙运动时期，人类希望自己不仅仅是众多动物中的一种，能拥有更多的理性，而不是仅仅盲目地受本能的控制。以前，狗狗甚至可以在教堂内自由地走，但现在，人类在人与动物之间画出了一条界线，并宣布"有意识地使用理性"是人与其他动物最显著的区别。按照这一理论，既然自由意志等同于灵魂，那么，其他动物连灵魂都被剥夺了。

直到 1800 年左右，德国迎来了浪漫主义时期，以理性为导向的启蒙运动哲学不再是唯一，自然开始被推崇，对动物的热爱不断涌现，人类开始拉近与动物的距离。从那以后，我们相信狗狗会思考，并认为它们爱我们。

但真的是"爱"把我和托奇联结在一起的吗？如果它能说话，能清楚地告诉我它对我的看法，一切肯定会简单得多。平日里，从它的面部表情和动作中，我也解读出了很多信息：有时，它看起来在责备人，也像在发问；有时，它看起来像是在向我伸舌头、做鬼脸；有时，它会用后腿站起来，把前腿放在我胸前，像是在对我说："别再愚蠢地直立行走了，和我一样让四肢着地吧。"

如果它能向我微笑就好了。但是，狗不会笑，当它打哈欠的时候，我的确会幻想这是一个微笑，但事实并非如此，有时这甚至不是一个哈欠。当狗张开嘴，把嘴唇向后拉时，它是在发出不确定或者惊讶的信号。在这一刻，它感知到了压力，所以用深呼吸来应对。

我经常用英语对托奇说"走！""停！"或"定！"，我不是故意这么做的，但这些话难免脱口而出，似乎在我的内心深处，觉得用一种非母语的语言来和动物交流更适合一些。有时候，我想感知它内心的声音，就会把一只手放在它的鼻子前，去感受它的呼吸。

我们对狗的想法和感觉知之甚少，倒也算不上咄咄怪事。1905年左右，巴甫洛夫用狗做实验，证实了经典的条件反射原理，并将狗描述为纯粹的反射机器。那之后，狗最多被认为是可以用来保护房子和院子的物品，或者是儿童的玩具。

在启蒙运动中，应运而生了一种以物理和化学原理来解释生物体的机械论世界观，这种观点造成的影响实在巨大，一直延续到了20世纪中叶的行为生物学中。在20世纪初，科学家们普遍认为动物不具备认知能力和自我意识，因此，狗的智力长期以来都被科学所忽视。狗被认为是堕落的狼，相比起来，科学家们更喜欢研究灵长类动物和老鼠。特别是在行为科学中，人们花了很长时间才开始认真对待和动物的关系——这意味着在人与动物的相互关系中，虽然人类占据支配地位，但狗也在这种关系中对人形成影响。与我小时候短暂喂过的那只老鼠"小胖"不同，我和托奇之间是一种真正的、相互的关系，为了搞清楚我们在这段关系中各自扮演了什么角色，我翻阅了大量专业文献。

在近年的相关研究中，最重要的事件，发生在千禧年之初的新英格兰。2004 年，在马萨诸塞州的剑桥，一只名叫塔莎的德国拳师母犬被破译了完整的基因组。科学家们随后比较了人类、狗和狼的基因组，很明显，三者的遗传基因只存在极小的差异，人类与其他脊椎动物的相似性比想象中高得多。对于很多和我一样曾对动物有所怀疑的人而言，这一发现是具有开创性的。就在不久之前，我还对兽医给狗开了和人一样的药膏和眼药水这件事感到诧异，而现在的我意识到，我体内的动物性比我想象的要多得多。科学提供了充分的证据，证明我和狗的关系有多么密切，也证明了我最初对于动物的傲慢是多么荒唐。

随着基因组的破译，针对狗狗的研究也有了极大发展。狗狗只能做出条件反射的反应这种旧观念已经完全过时了，一些大学建立了专门的狗实验室，重点研究狗的行为。在实验室里，狗会被教导用鼻子操作触摸屏，并将同类的图片与风景图区分开来。

一份关于2011年美国军事行动的报告提及，在击毙奥萨马·本·拉登（Osama bin Laden）的突袭行动中，一只军犬绑在一名士兵的身上，从直升机降至本·拉登的藏身地。也许听上去很疯狂，但这是真的。当行为学家格雷戈里·伯恩斯（Gregory Berns）在电视上看到这一幕时，他产生了一个想法：既然能让一只狗习惯直升机的噪声，那给它做核磁共振应该也没什么问题。

伯恩斯录制了医疗设备中磁铁所发出的巨大响声，并将这声音播放给他的狗听，那是一只混种的猎犬。一开始，他以较低的音量播放，而在几个月的训练期内，他逐渐把音量提高到了真实的水平，并通过假人让他的狗习惯了核磁共振装置的管状内部，以往，这一装置经常会引起人类的幽闭恐惧症。由此，人类得以绘制出狗的大脑地图，并能形象地描绘出狗对各种刺激的反应。伯恩斯使用了一条带有狗所熟悉的人体味的布片，证明了狗会把这个人视为一种能让自己非常受益的情况来对待——就像是面对自己最爱吃的食物。他的研究，从狗的大脑深处获得了证据，证明了狗对人类存在情感。

伯恩斯证明，当狗在期待某个令它激动的人或事时，其大脑的工作方式与人类相同。研究还表明，人和狗在一起时的心率是同步的，如果从字面意义上来说，双方的心脏是共同跳动的。而通过对大脑中信使物质的测量表明，当人和狗看着对方的眼睛时，催产素的含量就会上升。

实际上，我不需要任何科学证据来证明我和我的狗在对视时会分泌出快乐的荷尔蒙，我原本就能感觉到。我的直觉清楚地告诉我，托奇很关心我和其他的家庭成员。有一次，我们甚至试图测试它更喜欢谁。在一条土路上，我们命令托奇坐着，然后我和先生朝不同的方向走，想看看托奇会去追谁。但它固执地坐在原地，既不朝我动，也不朝我先生跑。一只狗能做到如此中立，不偏袒任何人，它一定很智慧。而且，在某个孩子不开心的时候，托奇还会用鼻子戳戳对方的脸以示安慰。所以，即使没有核磁共振成像技术，我也可以"诊断出"托奇的感情。

不过，我心中一直还有一丝怀疑——狗狗爱的真的是我吗？还是说，别人也可以替代我的位置？为了寻找关于托奇之爱的确凿证据，我找到了克莱夫·韦恩（Clive Wynne）。他是一名行为学家，养了一只拉布拉多混种犬，他很熟悉狗对熟人狂风暴雨般的热情。而韦恩最感兴趣的是，狗是如何从不亲近人的狼进化而来的，而且，是怎样将自身特点变成了"对另一个物种产生感情"。

韦恩在最近出版的德语著作《……如果这就是爱呢？》（...*Und wenn es doch Liebe ist?*）中写道，他在自己的所有作品中，总是试图在"冷静的科学性描述"和"热情的动物性描述"之间立起一条清晰的界线。由于担心被同行们指责过于情绪化，他在很长一段时间都尽力回避这样的一个假设：狗之所以可以和人相处得这么好，不是因为狗的智力，而是源于狗的依恋能力。直到他受到了很多实验结果的激励——就像格雷戈里·伯恩斯所做的那些实验一样——他最终踏出了这关键的一步，不再在狗的大脑中找寻特殊性，而是在狗的心灵中探寻答案。

为了完成自己的书，韦恩尽可能多地访问研究实验室，收集并总结了一系列证据，证明狗是大自然为爱而创造的。这种爱并不是只将它与人类联系在一起，而是让狗达成了一种永久的状态：一直可以共情，且没有共情疲劳（empathy fatigue）。这一点和我们人类是不同的。

在韦恩的这本书中，有一段话让我印象深刻。在这段话中，韦恩描述了狗的基因组是如何在驯化过程中产生变化的。例如，基因研究人员注意到了一种突变，这种突变和导致人类患有威廉姆斯综合征（Williams-Beuren Syndrom，简称 WBS）的基因非常相似。威廉姆

斯综合征是一种会导致人极度友好或者爱心泛滥的罕见
遗传缺陷，韦恩认为，或许是狼的基因组中产生了这种
随机突变，于是演化出了狗这种生物。围绕他的这一论
点，人们一直颇有争议：一些研究人员心存质疑，认为
少数遗传倾向，甚至只是一个单一基因能否造就出一个
物种，让曾经冷静对待人类的物种中演化出一个对人类
超级热情的物种，热情到哪怕我们只是去了趟储藏室，
回来后，它就会像我们已经消失了几个星期一样，无比
热情地欢迎我们。

　　当然，除了遗传之外，环境也对狗有很大的影响。
托奇的基因只是让它具备爱别人的能力，而它真正爱
的，是它成长生活的世界。我想知道它是不是因为和
我们在一起过得很好而心满意足。毫无疑问，它是一只
被宠坏的狗，当然，这并不是说它吃得太多，我们也没
有总是给它买新东西，但是，它确实得到了我们非常多
的爱与温柔。如果家里有人出差，电话里一定会问上一
句："托奇怎么样？"

　　在此，我必须强调一句，并不是每一只狗我都喜
欢。虽然我对动物的热爱因为托奇而成倍增长了，但我
并不会随意分享我的爱。我遇到的很多狗都不怎么热情
活泼，而且，我也不会因为自己有一只伯恩山犬，就觉
得每一只伯恩山犬都非常可爱。我对有些狗就是毫无感

觉，不会仅仅因为它是一只狗，就认定它一定是好的。这个道理适用于所有生物，有可爱的个体，也就会有不太可爱的个体。而且，我的说法是有科学依据的：同一品种的狗之间的个性差异，比不同品种的狗之间的差异更大。所以，我认为我和托奇之间的关系之所以这么好，有一点是起了关键作用的，那就是托奇独一无二的个性。

但有趣的是，在犯了错以后，狗会显示出高于平常水平的智商。在情况糟糕的时候，身边的人可能会说类似"这是最后一次""把这只狗送走"之类的话，狗或许从语气上理解到了话的含义，随后自己的行为发生了改变。恶魔变成了好相处的室友，至少一段时间内是如此。

看病记

一只生病的狗格外牵动人心。

如果你准备好爱一只狗，就必须为终有一天
会失去它而做好准备，也许正是狗，教会了我们
如何忍受与所爱之人告别。

"嘿，贴心的小伙子。"我向托奇打着招呼，因为它
突然出现在了我的办公桌后。平日里，我并不允许托奇
进入我工作的阁楼以及卧室，但这天是一月份中异常冰
冷的一天，所以我破例了。"给自己找个好地方吧！"
我对托奇说道。它在地板上嗅了几圈，突然就趴下了，
咕哝着伸了个懒腰。

自从托奇一进房间，气氛就变了。就像一个阻尼器
改变了乐器的音色，此刻这只狗狗打破了环境的严肃与

沉闷。在我背后，这位沉默的访客就像熔岩灯*那轻柔且动态起伏的灯光一样，令人格外放松。

突然，我听到了它的哽咽声。这种呕吐前的声响并没有吓到我，有时候托奇的喉咙里进了诸如草叶的东西，或者是它吃错了什么东西，它就会将其吐出来。我坐在椅子上转过身来，看到托奇正吐着黄色的泡沫，我跳了起来，揉着它脖子上的皱纹，喃喃地说："没事了，没事了啊。"过了一会儿，我把它带去了厨房。我想，比起阁楼，还是让它待在固定的位置更好。

我刚刚擦去地板上的污渍，重新坐到电脑前，楼下就传来了嘈杂的声音。我以为是家人们在和托奇玩耍，还猜他们一定玩得很开心，但接下来，我就听到了我先生大喊我的名字："伊尔卡！"语气听上去不像往常那样欢快，而是出奇地严肃和焦急。伴随着第二声"伊尔卡"，我已经跑下楼梯进了大厅，托奇正仰面躺着，气喘吁吁。我以为它是被什么东西噎住了，所以才喘不过气，于是我不假思索地掰开它的嘴巴，想让它把东西吐出来。可是下一秒，我看到它嘴唇上的血，一部恐怖电影瞬间在我的脑海里上演：托奇受了内伤，要不然就是

---

* 熔岩灯，亦称水母灯，玻璃瓶内就好像有熔岩流动一样，利用热能原理造就永恒的光影移动变幻效果，外形梦幻而炫酷，是流行的室内摆设。
——译注

胃破裂了，这两种情况都可能会要它的命。一时间我思绪万千，忍不住喊道："它要死了！"

我不想经历失去托奇的痛苦，绝对不行。托奇突然开始咆哮起来，我看到了它的大片眼白，它的眼神也变得很奇怪。这是狂犬病吗？是癫痫发作吗？不管是什么原因，此刻我看不懂它的行为，它一下子变得很危险，也很陌生。

托奇的咆哮声越发具有威胁性，我和先生都赶紧起身离开了。我想起了训犬师阿斯特丽德曾经跟我讲过的事：很长一段时间以来，有一位顾客都误判了自己的狗，觉得它没有任何攻击性，直到有一天，这只狗出人意料地咬了他的手。"它们是野兽，不是精灵。不要忘了，你的狗始终可能具有攻击性。"她再三提醒我们牢记这一点。

片刻之间，我们可爱的狗狗变成了一只颤抖的怪物，我们不得不先保护自己。此时不仅狗处于危险之中，我们自己也处于危险之中。我们朝后退，在离托奇两三米的距离注视着它，我们的孩子也在场。托奇颤抖着躺在地板上，摇摇晃晃地把头转过去，用牙齿咬住了自己的屁股。"好狗狗，现在没事了。"我们试着用柔和的声音让它平静下来，它也确实不再咆哮了。

几分钟后，托奇突然踉跄着站了起来，甩了甩身体，然后，它走了几步，腿部显得很僵硬，仿佛它正在适应一副假肢。它充满困惑地看着我们，我把它的眼神解读为对我们激动神情的不理解。这场发作的结局和开端一样令人惊讶。

我们把托奇带到露台上，以便于它在寒冷中能够清醒过来。它想躺下，但好像有什么东西阻止了它，直到这时，我才注意到它的阴茎勃起了。它在花园里漫无目的地跑了一阵，看上去心烦意乱。然后，它才逐渐平静下来，躺在露台上，闭上眼睛睡着了。它那仿佛鬼上身一般的发作，似乎到此结束了。

我打电话给兽医，想咨询下刚刚可能发生了什么。她告诉我："可能是癫痫发作。为了以防万一，可以把它带过来做检查。"狗发作癫痫并不罕见，原则上也没有理由过于担心，只有当狗经常癫痫发作时，才会导致大脑损伤。我很欣赏这位医生的判断力和直爽，但在这一刻，我希望听到一些安慰的话。我曾经听到过一种说法——如果你准备好爱一只狗，你也必须为终有一天会失去它而做好准备。但也许正是狗狗教会了我们如何忍受与所爱之人告别。在这一天，我意识到痛苦和告别是在有限的日子里，和狗狗度过美好时光的必经历程。

兽医用手电筒照亮托奇的嘴巴，没有看到任何伤口，但是，它的阴茎尖端确实发炎了。兽医只能推测是由于不适，它咬了自己的舌头，因此造成了流血。呕吐的原因也不得而知，或许是出于兴奋，或许不是。兽医给托奇注射了止痛药，万一炎症不见好转，就需要服用抗生素了。"在接下来的这段时间里，请仔细观察狗狗的情况。"医生嘱咐我们，如果它的眼神呆滞，或者在没有苍蝇的情况下却做出试图抓苍蝇的动作，那可能就是得了脑瘤的表现。"如果狗狗再次发作，请用手机拍摄下过程。"医生叮嘱道。

托奇很快就恢复了原来的状态，但这件事却在我的脑中挥之不去。宠物和野兽之间的距离是如此之短，两者的切换也可以如此之快。虽然，我现在比以前更加多思谨慎，但我对托奇的感情并没有减少，反而还增加了，因为现在我知道一切都可能在不知不觉中结束。通常，人类在死亡前会经历生病或身体虚弱的阶段，这些坏事预示着死亡的到来，但对于一只宠物来说，结局可能来得更突然，因为它无法事先告诉我们自己哪里不舒服。

狗的体形越大，它的寿命就越短。伯恩山犬的平均年龄为 8 ~ 10 岁，而马耳他犬的平均年龄为 16 岁。像托奇这样的大狗经常患有髋关节发育不良，这是一种遗传性疾病。从狗狗 12 个月大的时候，就可以观察到这种缺陷了，而且，它们在做每个动作时都会引发疼痛。

像人类一样，狗在生命即将结束时，听觉和视力都会越来越糟。狗狗还会食量减少、嗜睡、反应迟缓、皮毛变薄。大多数狗最终死于癌症，我想，如果托奇也到了那一步，我们会让托奇在兽医那里接受安乐死，这样它就不会遭受过多的痛苦。但这依然是个让我深感恐惧的决定，幸运的是，生活中需要做出这个决定的机会不多。如果主人因为不想和宠物告别而错过了最佳时机，那么，他的爱宠必须继续承受痛苦，所以，真到了最后时刻，主人必须把自己的利益放在宠物之后。而现在，为了尽可能地推迟这最后时刻的到来，我们在托奇的健康方面不吝金钱，我们不仅为它提供均衡的饮食，还会定期带它去看医生，以防患于未然。

一只生病的狗格外牵动人心，即便痛苦不会对它的健康产生太多损害。而且，正是由于动物不会说话，每次正式诊断之前，我们都要经过一段时间的紧张观察和不安推测。有一次，托奇在森林里散步结束时不停地舔着它的嘴唇，舌头一直从嘴里耷拉出来，然后又缩回去。也许它碰到了荨麻？也许是蚊子咬了它的舌头？回到家里，托奇焦躁不安地舔着厨房地板，虽然我不知道在森林里发生了什么，但这件事显然让它很抓狂。过了好一会儿，它才平静下来，舌头缩回了嘴里，我也才放下了心。

"永远不要给狗吃黑巧克力。"繁育员曾特别告诫我们。即使是少量巧克力，对狗来说也是致命的，但除了巧克力，危险还潜伏在更多意想不到的地方。有个和我一起遛狗的人对我讲过一件事：她养了好几只狗，其中一只金毛犬吞了块大石头，等她发现时已经太晚了，即使带去急救，也终究没能挽回它的生命。

托奇在不舒服的时候会缩成一团，不让人碰，同时用水汪汪的眼睛看着我，一副可怜巴巴的样子。它的弱点是肠胃不太好，有几个晚上，它在刚好走到我们卧室门口时拉了肚子，要知道，清晨在地毯上擦洗液体狗屎并不是件愉快的事，但更让我难受的，是对沉默忍受着痛苦的动物的担忧。

在托奇生病的时候，我们总是带它去看同一个医生。它在那儿的医疗记录从它搬到柏林后一周就开始了，当时它接种了疫苗，称了体重（15 千克），更重要的是，它熟悉了诊所。我们让托奇在所有房间到处嗅闻，让它习惯检查床，让它熟悉检查中的声音。为了让它对这个地方留下好印象，医生给了它一些好吃的，它十分喜欢，贪婪地吞食着。出门的时候，我还顺手拿了一张关于动物理疗的传单，倒不是托奇需要，而是我对动物医疗能提供的服务范畴实在好奇。

在最初的几年里，托奇没出现什么严重的问题，我和医生讨论的大多是些小事，比如防止蜱虫和寄生虫，以及绝育。

托奇每次去诊所都很开心，它在油毡地板上嗅着各类气味，兴高采烈地在接待处跑来跑去，与其他"病友"交朋友。诊所里还有一个宠物美容美发的营业点，托奇也很爱去那个房间围观。

在接待处等待的大多数是狗，偶尔也有猫。我们会在诊所待上几个小时，其间，我对墙上挂着的一张海报很是着迷，上面描绘了所有犬种的血统起源。伯恩山犬在图上出现得很早，只比狼晚了几代，略晚于狼狗和柯利牧羊犬，但早于贵宾犬、猎犬、塞特种猎犬和拳师犬。匈牙利库瓦兹犬和比利牛斯山犬是托奇的直系祖先，此外，藏獒也被归入了托奇这个犬种的直系祖先。

托奇在 6 个月大的时候接受了第一次驱虫疗养，"疗养"这个词实在具有误导性，因为治疗使用的其实是纯粹的化学物质。肠道寄生虫是每只狗都要经历的一个大问题，寄生虫会导致腹泻，削弱狗的免疫系统。只要接触受感染的动物，甚至在患病狗狗活动过的草地上嗅一嗅，就可能会染上蠕虫幼虫或卵。狗患上的寄生虫主要是绦虫，还包括蛔虫和篮氏贾第鞭毛虫，这些虫还会传染给人类。训犬师阿斯特丽德之前就提醒过我们，贾第鞭毛虫可以在房子里存活几个星期，甚至好几个月，因此，我们必须清洗所有的毯子、枕头、被子还有毛绒玩具、毛巾等，而消灭寄生虫最好的方法，是使用蒸汽清洁剂。自从阿斯特丽德提醒后，"贾第鞭毛虫"这个词成了我的又一个恐惧对象，我不禁想起了自己的一个孩子刚上学时，幼儿园里有个孩子长了头虱，那时的我也是如此担心。

在托奇吃完药片的几个小时内，它一直害怕地躲在角落里，一动不动地盯着前方。它越来越精神萎靡，尽管我们想出了各种办法，它还是不肯睡觉，也不吃不喝，只是气喘吁吁地向前凝视。我们在网上搜索"狗狗无精打采"，但找不到可靠的解释，最后，我们不得不打电话给诊所，寻求紧急服务。工作人员认为这是驱虫药的影响，并建议我们不要让托奇离开视线。那天晚上，我们的一个大女儿在狗狗旁边放了张床垫，并且睡在了那里，自从我们养狗以来，她经常来看我们。第二天早上，托奇兴高采烈地跳来跳去，一切雨过天晴。只是从那以后，我们再也没让它接受过化学驱虫治疗，如果怀疑它有寄生虫，我们会把粪便样本送到实验室，迄今为止，结果一直是阴性。

在托奇一岁半的时候，为了检查它频繁腹泻的原因，以及测试它体内是否缺乏维生素 B，托奇第一次体验了抽血。我们带着空腹的托奇去了诊所，之后，为了能把它抬到秤上，真是费尽了周折，它比以前胖了很多，而且还学会了故意用力地往地上蹲。"请你们帮忙按住它。"抽血时，医生这样说道，我和我先生全都采用了跪姿，他搂着托奇的脖子，我搂着它的臀部，为了抽血方便，它的一条前腿还被绑了起来。医生找到了托奇的静脉，消毒、刺入、推进，血液很快填充了几根管子。在我看来，这是非常常规的流程，没有什么可害怕的，但托奇显然不懂，它颤抖着，以为自己已经危在旦夕。

一开始，托奇还试图从我们的控制中挣脱出来，但后来就像石化了一样，一动不动了。然而我们刚一放手，它就飞速躲到了医生的办公桌下。在离开诊所的过程中，它还对候诊室的一个架子撒了泡尿，像是出于愤怒而进行报复——针对它刚刚所遭遇的，它以此作为反抗。

还有一次，托奇咬了自己的臀部，浑身是血，十分痛苦。它的伤口发炎了，还带有非常难闻的味道。根据医生的诊断，原因在于它的肛门腺发炎了。狗的肛门腺位于肛门两侧约四点钟及八点钟的地方，左右各一个。"腺体产生的分泌物有着特殊气味，是狗狗之间交流的重要介质。"医生解释道。通常，肛门腺分泌物会随着粪便排出体外，但在狗狗腹泻的时候，肛门腺体无法正常排空，但是分泌物仍然会继续形成，结果就是肛门腺液蓄积阻塞，导致肿胀，而这又会进一步导致狗狗在排便时出现问题。最终，形成恶性循环。

医生戴上橡胶手套，准备从腺体中挤出分泌物。"从现在开始，必须每四到六周为它检查一次。"医生表示，她很愿意教会我们自己在家给狗狗检查肛门腺，但我告诉医生，我在医学方面完全没有天赋。

于是，医生开始为托奇治疗伤口。托奇还咬伤了自己身体的其他部位，医生解释说，这是因为它无法找到痛苦的真正原因——腺体堵塞。医生小心翼翼地把伤口周围的皮毛剃掉，一团团浓密的黑色毛簇落到了地上，像石灰一样白的皮肤露了出来，接着是血红色的伤口。托奇不停地颤抖，它的心脏疯狂地跳动，在清理伤口的时候，它简短而猛烈地叫唤着——时而是一声可怕的呜咽，时而是一声痛苦的尖叫，那叫声后来在我心中回荡了很长时间。最后，医生在伤口处抹上了治疗的药膏，并给托奇戴上了一个伊丽莎白圈，这样托奇就没法舔舐伤口了，愈合起来也会更快。

现在，托奇的脖子像套了个游泳圈，大眼睛扑闪着，可怜巴巴地向外看。因为戴着伊丽莎白圈，托奇没法彻底躺平，所以在家里的时候，我们会帮它将伊丽莎白圈脱下来，再给它穿上一件 T 恤来保护伤口。我们让它的后腿穿过袖管，穿上后效果很好。但托奇却因此心烦意乱，它几个动作后就把自己巧妙地从衣服里解放了出来，好在它并不舔舐伤口，所以我们就由着它去了。而真正的重头戏，是每天给它喂两次抗生素。抗生素是医生给的，不出所料，托奇是个难缠的病人，每次喂进嘴后它就会马上吐出来。而如果把药片碾碎混在食物里，它会巧妙地吃光食物，只在碗里留下白色的小块药片。有一段时间，我们在维也纳香肠上撒上小药块，它最初被糊弄住了，但很快它就发现了真相，于是又不肯吃了。最后，我们不得不把药片磨成精细的粉末，然后把它混合在一勺凝乳里，这一招很管用。

之后再去诊所随访时，托奇突然停在大门处不走了。不论怎么拉怎么拽，或者哄着它甚至拿食物诱惑它，它都不肯进去。医生不得不打开一扇后门，托奇终于傻乎乎地小跑了进去。但在下一次随访时，它就不肯再踏进那扇后门了，于是，诊所又为我们打开了另一扇后门，托奇虽然觉得可疑，但是好奇使然，于是稍一引导，它就又跑进了诊所。

而到了再下一次预约时，在离诊所20米远的地方，托奇便警觉地停住不动了。它像一块巨石般蹲在人行道上，既不肯向前，也不肯向后。医生是个非常务实的人，她说了句"那我就出来找你们吧"，然后在路边灌木丛的背风处，为托奇清空了肛门腺。

后来，托奇依然不肯进这家诊所，甚至只要我们一接近诊所附近，它就会挡住我们的路。于是，在冬季零下的温度里，医生穿着大衣，戴着围巾，在诊所前的草坪上、在停车场里，甚至在我们汽车的后备箱里为托奇治疗。

然而，无论身穿白大褂的医生们出现在哪个地址，都意味着托奇出现了问题。有一次，我们带托奇去诊所测量它的前列腺，通过超声波检查前列腺是否肿大。对于这个品种的公狗来说，这种问题并不罕见，而且因为伯恩山犬体积较大，前列腺会阻塞肠道，所以前列腺肿大还很可能引发便秘。随着狗狗年龄的增长，睾酮和雌激素的变化会导致荷尔蒙失衡，因而在大约 9 岁的狗狗中，有问题的概率会增加，而且有可能导致前列腺癌，这就是为什么许多年老的狗狗做绝育的原因。对于主人来说，是否给狗狗做绝育这一令人纠结的问题在狗的一生中或许要出现两次：在狗狗的青年时期，以及年老时。

新的兽医诊所外观看起来就像一个幼儿园，完全看不出这里是做医疗检查的。但是，当两位女医生出现在入口处时，托奇突然蹲下来，然后坐在了路上。当时，我们距离两位医生大约 100 米远，她们穿着白大褂，戴着当时规定的防护口罩，虽然托奇之前从未见过这两位医生，但它似乎已经将白色大褂、口罩和疼痛之间建立起了联系。这件事给我留下了深刻印象，显然，它能够将之前的经历与现在的情形结合起来，并得出结论。直到几十年前，科学界基本还是否认狗具有认知能力的，这是多么大的错误啊！如果需要证明托奇不是一个纯粹的条件反射机器，那么这件事就是证据之一。

为了让托奇进入诊所，我们不得不重新规划路线，把托奇放在后备箱里，开车离开诊所。然后，我们走了很长的一段路，沿途允许托奇在花坛和草坪上到处嗅闻，最后，我们从房子的另一边走近研究所的入口。我事前特意和医生们商量过，让她们都回到诊所里，并且离入口远一点，就这样，在托奇完全不知情的情况下，我们顺利带它穿过入口，进到了诊所。等到了候诊室里，它似乎闻到了什么气味，于是变得很兴奋，它小跑着，把鼻子贴在地上用力闻，或许刚刚有一只发情的母狗在这里待过吧。我倒在椅子上，松了口气，如果不是先生和我一起来，我还真不知道该怎么办。我突然想到，如果是单身的养狗人，那一定更辛苦。

但眼下，我们还需要克服最后一个障碍：托奇拒绝去诊疗室，它固执地躺在地上，怎么也不愿意离开候诊室。兽医们非常友好善良，她们把设备从治疗室尽力往外推，通过一番努力，我们终于让托奇最大程度靠近了机器。检查可以开始了，先生和我抱着狗，一位医生小心翼翼地把探头滑过托奇的腹部。托奇颤抖着，就像之前抽血时的表现一样，觉得有可怕的事情要发生在它自己身上了。

我们刚离开兽医诊所，托奇就拼命地甩动身子，好像要把那些让它备感折磨的感觉都甩掉似的。抖动身体是狗的常见行为，当它身上湿漉漉的时候，会习惯性地把皮毛里的水抖掉；如果两只公狗发生了冲突，也会通过甩动身体来摆脱压力；如果它不喜欢某件事，比如去诊所，它就会通过抖身体来摆脱紧张。这可真是个神奇的办法！

两周之后，托奇的测试结果出来了，不出所料，它的前列腺略有肿大，但可以通过荷尔蒙药剂进行治疗。考虑到托奇状态一直很好，我觉得在没有症状的时候就给它服药，似乎是不对的。和医生们讨论之后，我们一致决定等到托奇真正需要时再用药，只是到时候，恐怕我们又要费尽心思才能把它哄进诊所，也许独轮车能派上用场吧。

新旧交锋

我很关心一个问题：狗狗对我的忠诚、喜爱和关怀，是不是仅仅因为能从我这里得到好处？

当我转弯开进街道时，看到贝恩德·君特已经在人行道上等待了，他向我们挥手致意。但即使这位瘦弱的老人没有提前迎接，我也能知道自己已经到了目的地，因为停车场的铁皮牌上用大红字写着：只有养伯恩山犬的人，才允许在他的房子前面停车。这是一块定制的标志牌，通常人们都会写些玩笑的幽默标语。

这是我第一次见到君特，他已经快 80 岁了。之前，《时代周刊》刊登了一篇关于我和托奇第一年相处的文章，他看到后给我写了封信，我也进行了回复。说起来，我写这本书也是源于杂志上的这篇文章。

而今，我和托奇来到贝恩德·君特的家里拜访，这是位于黑森林边缘的一个小村庄。在见面之前，君特还寄给了我一本他在 20 世纪 90 年代出版的书——一本精彩的插图书，里面记录了很多关于伯恩山犬的有趣知识。而此次来访，我也想从他那里学到一些关于伯恩山犬的知识。

很多年来，贝恩德·君特一直为伯恩山犬拍摄照片，他拍摄的许多照片都发表在专业的杂志和日历上。退休之前，他教授美国语言文学，还曾在美国授过课。而今，君特是德国和瑞士伯恩山犬繁育协会的成员，同时也是美国伯恩山犬俱乐部的成员。在一篇专业报道中，他亲切地称伯恩山犬为"天命之犬"，而他则被称为"伯恩山犬的国际发言人"。我脑子里有很多关于这个犬种的问题想问他，此外，我也很想知道托奇真实的感受和情感。其实，我最关心的还是那个老问题：狗狗对我所产生的情感，仅仅是因为我能给它好处吗？

托奇小跑着，穿过君特家开着的露台门，进入了花园。君特提前询问并得到了我的同意，他用维也纳香肠欢迎了托奇。通常，我们会将香肠掰成一个个小段去喂托奇，而现在，君特正站在外面的草坪上，拿着一整根香肠给托奇咬着吃。这看起来像是一场考试，在这位老先生面前，托奇能控制住自己吗？它会不会咬到他的手指？幸好，托奇通过了它的"入学考试"，在它吃完最后一截香肠后，君特赞许地点了点头。我并不是经常允许托奇享用香肠，在它表现不够好时，我们是不会给它奖励的。托奇在家里的时候，就已经知道一根完整的香肠属于超级奖励，而我们即使奖励给它，也会切成碎片分几天喂。因此，我想知道为什么托奇要得到奖励？奖励的本质，究竟是动物的顺从态度，还是人类想从一开始就得到狗狗的好感？人类奖励动物，核心是否依然是为了自己？我突然想起了自己小时候拜访祖父母时的情景，他们总会给我一整块巧克力表示欢迎。

从我所站的地方放眼望去，可以看到精心修剪的草坪，以及左右两旁茂密的树木等植物，它们像护目镜隔开眼睛与风沙一样，将君特家的房子和邻居的房子隔开，并且让我的视野更加开阔。这就是我年轻时（20 世纪 70 年代）花园的典型格局，那时候，我家的房子也是用花园栅栏、红豆杉树篱和砖墙来保护隐私的，当年的时代精神更加重视隐私，而不是开放性，门里面发生的事与其他人无关。在花园里，君特指着一棵黑松下的一块地方，那里像是被刚刚开垦过，上面还覆盖着小石头。他说他的五只伯恩山犬都埋葬在这里，最后一只几周前死于癌症。与人类不同的是，动物可以被埋葬在私人土地上，这是法律规定所允许的，前提条件是动物的尸体至少埋在 50 厘米深的地方，且这块土地必须是动物主人的财产，且不得位于水源保护区或公共道路及广场附近。比如，想要在森林里挑一块喜欢的地方安葬动物，就是万万不行的。

在狗狗坟墓旁边几步远的地方，有一把醒目的木椅。君特的妻子长期患病，在她去世后，君特让一位艺术家制作了一把灰鹅形状的座椅，因为灰鹅是他妻子最喜欢的鸟。他们养的狗在她去世后哀嚎了好一段时间，而那之前它从未哀嚎过，然而两周后，它突然之间又停止了哀嚎。君特解释说，狗是会适应变化的。

"狗这么快就会忘掉逝去的人吗？所以，换一个主人对它们来说也无所谓吗？"我忍不住问。

"从本质上讲，每只狗都是自私的。它任凭人类照顾它，并学会了适应不同情况，狗很清楚该怎么做才能得到自己想要的东西。"他答道。

我看向托奇，此刻它趴在草坪上，正在享用一份新的美食——一只牛耳朵的冻干。我的心头顿时涌起对狗狗的爱意，尽管根据君特的说法，它爱我只是为了自己获得利益。

"那您会觉得狗的忠诚是出于纯粹的计算吗？作为人类照顾它的回报？"

君特摇了摇头："不会。如果狗在为自己打算，那就意味着它在理性地思考。但它不能，狗是受自己本能和冲动支配的。"

看起来，君特对自己的狗爱他的原因是无所谓的，只要双方都能从中受益，一切就都不算差。他继而说道，许多人类的关系其实也出于同样的原因而存在，这话让我想起了几年前去世的父亲，他享年84岁，也和君特一样属于战争儿童的那一代人。虽然父亲是个多愁善感的人——他非常热爱音乐和文学，但他却能从科学家的视角冷静理智地看待世界。有一次，我们讨论什么是爱，以及爱是否存在。我相信存在共生的、无条件的爱，并确信这种强烈的感觉是能长时间存在的，但父亲的观点截然相反，他觉得爱是大自然的一种辅助结构，爱让一个人进入一段关系，但随后爱就会消失。从这个意义上说，爱是通往习惯的阶梯。

我父亲和贝恩德·君特这一代人基本在20世纪六七十年代建立了自己的家庭，他们的家庭观也与现在不同。在那个时候，家庭内以传统为导向，每个角色分工明确。而如今，个性已经取代了传统，人们为平等的权利而战，伴侣关系不断被重新定义。而且，这改变也反映在了人与狗的关系上。

第二次世界大战后，人类对狗的教育方式还是以恐吓和威慑为主。人觉得自己天生比狗优越，理所当然地给狗下命令，而如果狗没有照做，就会挨打。这是当时的常态，托马斯·曼在《主人与狗》一书中也谈到了这一点。在那个年代，暴力是社会互动的一部分，人们不是在建立关系，而是自上而下地统治。孩子们在家里和学校里会被打耳光甚至遭到殴打；而人们会用报纸打狗，认为这样狗就不会把这些暴力行为和主人联系在一起，但同时，喂食的手被视为和狗有感情的象征。这些做法不仅暴力，而且虚伪至极，但却被保留了下来。

在 20 世纪 70 年代，教育运动为儿童教育领域带来了改革，人格的发展要比规则重要得多。新的时代精神也影响到了对狗的教育方式，20 世纪 80 年代中期，第一批训犬学校成立，人们逐渐形成了一种新的信念，即：让狗在群体中社交，而不是一味专制地对它下达命令。从那时起，小狗可以在游戏中与其他小狗一起学习，人们通过赞美和激励来训犬，开始尊重动物的本质。

如今，人和狗有了更多的肢体接触和互动。有时，这种亲密关系会走向另一个极端，动物被完全当作人来对待，就好像可以平等与它沟通问题一样。在柏林散步的时候，我经常听到类似的话："巴鲁，你现在要上车吗？"或者"昨天，我才跟你说过，不准跳到别人身上去。"有时候，我也会为某些事情向托奇道歉，比如当我不小心弄疼了它，或者遛狗时间太晚了。在过去，人和狗泾渭分明，界限清晰，而现在，人和狗就像一对摩登伴侣一样互相交流。

陈规旧俗的产生源于人们的不确定性，于是对于规则和标准有了偏爱。对于那些移情能力差的人，以及被压抑的人来说，传统就像一根拐杖，而且对于那个人们普遍不信任情感的旧时代尤其适用。当时的人们，都不愿意将情感表现出来，由于缺乏对动物的信任，或许也缺乏对自己的信任，狗主人们在俱乐部中建立起了一套严密的规则。很多时候，人们并不是为了狗这么做，而是为了让养宠物的人们彼此给出保证，以此让一切变得正确。

在我们聊天的过程中，贝恩德·君特一次又一次地谈到了马克斯——他养的第一只伯恩山犬，显然也是他的最爱。马克斯非常接近理想型伯尔尼牧羊犬的标准，正如协会繁育标准所定义的那样，因此，它在瑞士和德国的展览中斩获了许多奖项，并被授予了国际冠军，这可是有史以来最荣耀的头衔了。"马克斯是它那个时代最成功、最迷人的雄性伯恩山犬。"君特感慨道。即使比赛已经结束了 40 年，他提起往事时仍然满怀自豪。他告诉我，甚至还有一个长毛绒伯恩山犬的玩偶就是以马克斯为原型的，不仅如此，马克斯还被印到了 2007 年瑞士伯恩山犬俱乐部成立 100 周年的邮票上。

我从来没有让托奇参赛的念头，因为托奇肯定不会在台上走秀，或是坐在评委面前乖乖被点评。我很难想象它根据指令优雅小跑的样子，但最重要的是，我不喜欢这样的比赛，因为比赛评判的不是狗的本质，而是它的外表。况且，在短短的表演中，怎么可能看得出每只狗狗的性格是好是坏呢？

我不在乎我的狗是否像世界犬业联盟（法语：Fédération Cynologique Internationale，简称 FCI）*在伯恩山犬的繁育标准中所规定的那样，表现出"大步自在前进和良好的后腿推力"，我也不在乎托奇的后爪是否比前爪弯曲得更多一点，或者是否向内或向外转动。至于它的尾巴有没有到达脚踝处，是否在休息时悬挂、在运动时抬高，水平于背部或略高于背部之类的问题，对我而言更是无关紧要，如果让它为了参赛露出牙齿或者被检查睾丸，那绝对有辱狗格。

仅仅因为托奇的尾巴没有规定的白色尖端，或者毛发底色不是深黑色，而是在一年中的某些时候会变成棕色，它就会无缘获奖，甚至被彻底排除在所有赛事之外。况且它还不够大胆，标准中规定了"过于胆小的狗"会被取消资格，毕竟，它在被滴狗狗滴鼻液时，都会因恐惧而颤抖，又怎么可能去参加犬赛呢。

---

* 世界犬业联盟是国际犬种协会最大的组织，成立于1911年，总部设在布鲁塞尔，协会为犬种繁育和表演制定了框架规则。——译注

我不需要奖杯来确定它的价值，我想要一只好狗，而不是一只成功的狗。托奇只需因为它的存在，就能赢得我足够的尊重。

我身边没有谁家的狗参加过犬赛，除了贝恩德·君特，也没听说过有谁也是狗狗俱乐部的成员，对于狗主人们而言，俱乐部的重要性在下降，人们更喜欢自由自在地和狗互动。在我看来，如今养狗的重点在于人和动物建立关系，与动物玩耍和打闹，能够让它进行路线训练（Parkour Training）或者循迹训练（Mantrailing）——基于气味搜寻踪迹。以前，我们只能和狗一起玩玩球，但现在，狗狗有了各种各样的吱吱作响的玩偶、咀嚼物、玩具绳、咀嚼香肠、毛绒地毯等，甚至还有益智玩具的厂商研究出了能与狗狗一起玩的纸牌和拼图。

但没有互联网、没有博客，也没有亮丽丰富的狗杂志的时代，俱乐部确实是个重要的信息来源，很多相关知识也是通过人与人的直接交流才得以传播。此外，当时养狗的人还是一个相对小众的群体，他们大多有很高的要求和责任感，在与君特的交谈中我也感觉到了这一点。与此同时，对小狗崽的需求发展成了生意，并导致了竞争压力。如今，狗狗的繁育环境更是令人困惑，有时甚至涉及了犯罪行为，比如自从可以通过互联网上的广告匿名售卖狗狗以来，越来越多的人开始进行后院繁育，或者在所谓的"东欧小狗工厂"里生产线一样地繁育狗崽。如此繁育，把动物变成了一种产品，一件商品，一件东西。

贝恩德·君特让马克斯做了一段时间的繁育犬，然而，配种总会令马克斯感到困惑。君特说，而今回想起来，当母狗被带到这里时，往往还没有进入发情期。并且，一只狗即使是一个好的品种，也不意味着这只狗就适合繁殖。只有当狗在俱乐部通过严格的批准测试后，才可以用于繁殖，也只有这样，饲养员才会认可小狗崽并签发血统文件。这样做的目的，是防止遗传性疾病的传播，并保持该品种的特定特征。"俱乐部保留品种的优点，并把好的基因传下去。"君特说道。

然而，在品种标准方面，理论和实践显然存在偏差。同一品种的狗，如果把现在狗的照片和二战后的进行比较，会发现它们的大小和身材都存在明显差异。例如，以前的哈巴狗和斗牛犬腿更长，而且因为它们还未长出沉重的眼睑，所以眼神看上去不那么忧郁。我曾经读到过一只圣伯纳犬巴利（Barry）雪山救人的故事，它是一只搜救犬，曾拯救了数十人的生命，现在它还被陈列于伯尔尼的自然历史博物馆内。这只义犬生前的体重还不到 40 千克，但是现在，我们普遍认为体重约 70 千克的圣伯纳犬才是健康的。此外，腿超短的腊肠犬、耳朵超长的可卡犬、皱纹太多的沙皮狗——这些外形比较特别的狗狗都面临着过度繁殖的问题。育种的标准诱使人们过度重视某些外部特征，以便在竞赛中获得成功，而近亲繁殖也会导致特征更加凸显。因此，曾经因为要完成任务而长得健硕的家犬，在审美转变中已经被打上了艺术品的标签，必须增加具有装饰性和易于护理的特点。

在贝恩德·君特关于伯恩山犬的专著中，他引用了瑞士地质学家阿尔伯特·海姆的话："很多犬种都有着有趣的特点，它们也是美丽的、可爱的。然而在我眼中，伯恩山犬的平凡一面便已经很美好了，它没有任何过于夸张的地方，一切都如此和谐，浑然天成。"这位地质学家为伯恩山犬品种的建立做出了巨大贡献。在这样一种各方面都很均衡的犬种身上，人们可能认为不会发生什么新的改变，然而，这个品种实际上一直在不断进化（很多人称之为"优化"）。瑞士一家酒店的员工在看到托奇后曾对我说："您养了一只传统的旧伯恩山犬。"她还告诉我，她也养了一只伯恩山犬，却是一种新品种，更轻也更小。顺便说一句，她还给我们推荐了一种毛刷，托奇来到我家四年后，我才知道竟然还有这种毛刷，这毛刷堪称托奇毛皮护理的里程碑，也是瑞士给我们的纪念品。

放眼当下流行的杂交品种犬中，也不乏伯恩山犬的身影。伯恩山犬和贵宾犬的杂交品种，通常被称为伯尔尼多德尔（Bernedoodle）或伯恩山贵宾，它有三种不同的尺寸——小型、迷你和标准。据说由于皮毛结构发生了改变，它们不易过敏，也比传统的伯恩山犬寿命更长。传统的伯恩山犬平均寿命只有 8 岁多，并且非常容易患上某些癌症。

我和贝恩德·君特也谈论了现在流行的"人为设计出来的狗狗"，他无奈地摇了摇头："我无话可说，只觉得很悲哀。"这时，托奇已经躺在咖啡桌旁打瞌睡了。而当我们讨论到皮毛护理的时候，老先生突然站了起来，展示起了各种梳子和刷子，其中一把很新的刷子上还残留有去世不久的狗狗马尔特的毛发。君特说他要养的下一只伯恩山犬会取名曼尼，他养的所有狗狗都会用 M 开头命名，小曼尼已经出生了，在繁育员那儿待满 3 个月之后，君特就会把它接回家来。我设想了一下，如果托奇离世了，我会在几个月后再养一只新狗狗吗？我显然难以接受。马上养一只新狗作为替代，难道不是否认了之前狗狗的独一无二吗？难道不是对它情感的背叛吗？在我看来，这和在旧机器坏了后买个新的没什么两样。

我问君特，能不能描述一下他那患癌狗狗生命的最后几个小时是如何度过的，他马上就答应了。在确认狗狗已到弥留之际时，他致电给兽医，希望对方可以来家里为狗狗实施安乐死，兽医表示两个小时后就能抵达。在这两个小时的等待中，他一直尽力分散狗的注意力。"生病时，狗狗会感到疼痛，但不太会表现出来。等它表现出来的时候，一切已经太晚了。"君特给马尔特买了一杯天然酸奶，然后抚摸着它。医生到了后，给狗狗打了两针，君特一直抱着它的头。第一次打针是为了让狗狗入睡，"它在两三分钟内就昏睡了过去，很快眼神就变得模糊了"，随着第二针"安乐死注射剂"注入，狗狗再也没有任何感觉了。"马尔特是第五只我以这种方式陪伴走完最后一程的狗。"君特总结道。

虽然我明确感觉到了我和君特在养犬方面的很多观点并不一致，但我还是想知道他作为一名专家的看法。所以在离开君特家之前，我提出了我此行最关心的那个问题。

"您觉得我的狗爱我吗？"我问道。

贝恩德·君特想了一会儿，回答道："不爱。狗是利己主义者。"

"那么，如果爱不存在，人类为什么要养狗呢？为什么还要为了养狗，做出这么多的努力和付出呢？"

"人可以从狗那里得到亲密感和温暖。即使狗狗眼神的真实含义和人们想象中的不同，但是看着狗的眼睛，仍然是对人有益的。"

"所以说，我只是自己想象在狗狗的眼神里看到了爱？"

贝恩德·君特点点头。

我又问君特："那您觉得托奇怎么样？托奇算是一只好看的狗吗？"此时我们聊了两个多小时，他在平板电脑和手机上给我展示了好多次他的狗狗的照片，而且，他也已经用美味零食款待了托奇好几回，但并没有说过任何一句赞赏托奇的话，也几乎没有抚摸过托奇。

听到我的问题，君特毫不犹豫地点了点头。

"太好啦！"我说道。后来，我在返回柏林的路上，君特给我发来一条短信，信息的结尾写道"托奇是个宝藏"，后面还附有一个星星眼的笑脸表情。

在我们和君特告别前，托奇得到了今天的第三根，也是最后一根香肠。然后，君特弯下腰，仔细地看着托奇。他像催眠师一样凝视着托奇的眼睛，托奇也眼神直勾勾地和君特对视了一会儿，然后它突然举起一只爪子，放在君特的手上。君特满意地笑了，转过身来，在厨房里为我们打包了一块牛胸骨。

在那个下午，为了得到狗狗的青睐，君特使用了不少"贿赂"。我想他之前肯定也这么做过，用零食拉近和狗狗的距离，换来亲密的关系。但从梅兰妮和其他柏林的训犬师身上也可以看出，这些年来，人与狗之间的关系发生了很大的变化，我更钦佩后者那无声的肢体语言，只要一个动作，托奇就会乖乖听话。

"你这个会讨人欢心的小马屁精，靠握手换香肠和骨头的家伙。"在回家的路上，我透过后视镜看着托奇，对它说道。但我怎么忍心责怪它配合别人一起玩耍呢？整体来说，这次做客中它表现得非常完美，但是，我还是对我的狗感到了失望，因为它的身上清楚地体现了君特所说的利己主义——为了吃饱喝足、过得舒服而去满足别人的期望。君特这位专家的话耐人寻味，但在第二天早上，当托奇欢快地向我摇着尾巴时，我又觉得，它对我而言依然还是那个忠诚可爱的朋友。

风流韵事

　　狗狗还教会我一件事：对于自然的天性，我们无权消灭，也无权操控。

　　在 10 月的一个阳光明媚的下午，我和托奇正在家附近散步，一辆车突然停在了我们旁边。一位女士走下车，主动向我介绍她自己养了一条母伯恩山犬。我们礼貌地寒暄了几句，说了说养这个品种狗狗的趣事，接着，她直截了当地问我："你觉得让我们的狗狗一起繁殖怎么样？"

　　我本能地脱口而出："我认为这不适合我的狗。"但在下一刻，我却又犹豫起来：为什么不能呢？如果我的狗完美到让别人想把它当作繁殖的公犬，这并不是一件坏事。于是，我们交换了电话号码，然后互道再见。我准备回家后和家人们好好商议一番。

　　过了一会儿，我们到达了狗狗草坪。我松开了托奇的项圈，命令它坐下。片刻之后，我又做了个手势，示意它自由奔跑。它立刻跑得两只耳朵几乎都飞了起来，一口气跑到霍莉跟前。霍莉是一只毛茸茸的边境狎母狗，它的体形很小，小到可以在托奇的两腿之间穿行。当托奇冲过去时，霍莉平躺在草地上，把它的腿伸向空中，心甘情愿地让托奇嗅闻。它们互相认识，而且对彼此很有好感。我想起了在前几天晚上，我让托奇在狗狗草坪上自由奔跑，它都会以极快的速度跑过草地，跑到一条路上。通常情况下，它是不会离开绿地的，但那几天却似乎没有任何叫声能阻止它，它飞速奔跑，直到与黑夜融为一体，仿佛有某种气味深深吸引着它。直到几分钟后，我终于赶上托奇，才顿时明白了它反常的真相——霍莉。

回到家后，我和儿子提起了让托奇繁殖的事，他问道："你能想象托奇当爸爸吗？"话音刚落，我们都笑了起来。让这只急躁的动物对另一个生命承担责任，这想法确实好笑甚至荒谬。当然，我们相信托奇以后会本能地解锁爸爸的身份，并且用一种有趣的方式帮自己的后代探索世界。

在托奇两岁的时候，我们决定不让它做绝育手术。但那位女士的建议引发了我新的思考——因为人类把狗当宠物养，所以就不让狗过性生活，这在道德上是对的吗？我这才发现，当初的决定并不能消除我们在这方面的良心冲突，只是暂时转移了问题。但是，既然我们在生物层面保留了狗的性能力，难道不能允许它真的去交配吗？我的狗没有性生活，它会痛苦吗？

自从养狗之后，我开始热衷于看关于狗的影片。于是，我看了行为学家金特·布洛赫（Gunther Bloch）拍摄的一部纪录片，他在托斯卡纳对一群极具野性的家犬做了很长一段时间的观察，并拍摄了这部名为《比萨狗》（pizza dog）的影片。影片中的狗群里，只有领头的狗才有权与母狗交配，其他公狗都只能过着禁欲的生活。金特·布洛赫认为："狗和狼肯定是喜欢交配的。但是，它们是否需要以交配来获得快乐，其实取决于我们，取决于我们对它们的性行为管控有多松弛，我们又是否能为它们提供其他的生活意义。"他还认为："对狗来说，成为一个强大、和谐的社群中受到认可的成员，比交配更加重要。"他的话听起来是那么有道理，让我更加坚定了不让托奇当种犬的决心。托奇在我们的家庭中扮演着如此重要的角色，它是我们的家庭成员，按照布洛赫的观点，我们能够更好地、彻底地满足托奇。于是，我给那位女士打了电话，用"我们感觉托奇在交配之后会变得狂躁"为理由，回绝了关于交配的提议。但说实话，我心中的内疚仍然存在，我也时常想知道：托奇的生活是不是太平淡了？我们是不是约束它太多了？

养狗过程中，经常会产生很多值得思考的悖论。比如狗之所以获得人类特殊的爱，恰恰因为它并非人类，但是同时，人们又会把狗带去做美容、美发、美甲和按摩，给它们买水床，给它们开精神类药物。再比如，以前的狗只能睡在房子前面的小木屋里，或者是笼子里，而现在，很多人都会带着宠物上床睡觉。为什么我们一边在诸多层面上人性化它们，但是却不认可它们的性生活？我们把狗狗视为珍宝，是因为觉得它们能给我们无条件的爱，但为什么与此同时，我们又不允许它们和同类产生爱的关系？

关于人与狗之间关系的书籍不胜枚举，但说到狗与狗之间建立关系的能力，人们却所知甚少。我一直很好奇，如果可以的话，狗之间是否会建立起稳定的夫妻关系？狼实行一夫一妻制，狗却不是，尽管如此，性忠诚对狗来说就完全是陌生事物吗？

就拿托奇来说，它对待某些母狗时会明显地比对其他母狗更温柔。当它在远处认出它最喜欢的那只母狗时，会用异常高亢的音调呜呜，然后飞奔过去，用舌头舔对方的耳朵，而母狗似乎也很喜欢它这样做。然后，它们就会在草地上并排奔跑，身体紧紧地挤在一起，就像用胶水粘住了一样。在这些充满活力与爱意的时刻，我想它俩或许是认真的。

人类学家伊丽莎白·马歇尔·托马斯在她的《狗的秘密生活》中，讲述了米沙和玛丽亚的故事。她一共养了11只狗狗，每只狗都独具特色，在狗群中各领风骚。米沙和玛丽亚是两只魅力四射的哈士奇，它们一波三折地找到彼此，坠入爱河，最终交配成功，玛丽亚还怀了孕。就在玛丽亚分娩后不久，当米沙第一次看到它的幼崽时，书中这样写道："米沙小跑着进来，像往常一样活泼友好，但一看到玛丽亚，它就停了下来，突然转换了态度。它一动不动地站在房间的中央，垂下头、耳朵和尾巴，盯着玛丽亚看，自己好像陷进去了一样。"两只狗就那么互相看着对方，然后书中写道，"米沙缓缓地、平静地把头埋得更深了，眼睛却一刻也没有离开玛丽亚，然后，它吐了起来。"

为什么它会在那一刻呕吐呢？那是米沙想要告诉玛丽亚，它会养活玛丽亚还有它们的孩子。托马斯这样解释道："它把它现在身上拥有的营养留给了玛丽亚，这份礼物代表着承诺，意味着将来会有更多的付出。成年狼就是这样养活后代的。"在现代化的公寓楼里，一只狗反射性地用野性祖先的一种行为对另一只狗做出承诺，这一幕令我印象深刻。当狗能做出这样的事情时，我们还有什么理由怀疑它们爱的能力呢？所以，托马斯得出了这样的结论：爱能让罗密欧和朱丽叶走到一起，这样的力量也能够跨越种族，而且同样强大。

如果真让托奇和一只选定的母狗交配，我敢确信，那会彻头彻尾地失败。让两只事先并不认识，也没有经过求爱的动物在短时间内相互释放欲望，彼此全都缺乏经验而且笨拙迷茫——这种安排好的交配，怎么会成功呢？况且让狗狗在人类的注视下，完成人类制定的交配活动，确实有辱狗格，还不排除需要人为地从外部刺激两只狗狗发情。当然，这只是我的看法，不一定完全正确，毕竟人类已经脱离了纯粹的生殖欲望冲动，但狗未必如此。或许，狗受本能的控制，是不会在这方面感到害羞的。

在英国动物文学的经典之作《我的小狗郁金香》（*My dog Tulip*）中，就有关于人类安排两只狗进行交配的情节描述。乔·伦道夫·阿克利（J.R.Ackerley）的这部小说发表于1956年，尚未有德语译本。由于它与我读过的许多故事很不一样，所以，我想简单介绍一下小说的情节以及作者本人。

乔·伦道夫·阿克利是战后伦敦文坛的一名编辑兼作家，他于1967年去世，享年71岁，他在世时出版的作品数量并不多，但内容都非常开放，且带有他个人的同性恋的烙印，这让这些文字在当时显得十分大胆。在《我的小狗郁金香》中，他毫无保留地讲述了他为自己狗狗寻找合适伴侣所做的努力，包括作者和其他狗主人失败的交流，以及狗狗与其他德国牧羊犬失败的交配。最后，阿克利放弃了努力，而郁金香喜欢上了家附近的一只杂种狗。在阿克利的公寓里，郁金香产下了幼崽。他很高兴能让自己的狗狗使用生殖器官，并发挥出了母性本能，狗狗的交配风波有了个皆大欢喜的结局，这项艰巨的任务顺利完成了。

而后，阿克利描述了他如何把郁金香带到城市附近的一片森林里，以保护它不受公狗的侵扰。它自由地跑来跑去，还猎杀了一只兔子，大自然的一切交织在一起，这是多么美好的画面。

作者在许多方面都是前卫的，他传递出的信息也是明确的——通过描述生命中最幸福的时刻，记录和狗狗在一起的时光，也由此对狗狗有了更深入的理解。他的故事在当时是具有革命性的，那个年代的兽医会建议把发情期的母狗关起来，直到其他狗不再对它感兴趣，因为这样做"更简单、更利落"。在书中，阿克利对一位兽医这样说："狗并不难理解，你只需要设身处地地为它着想就可以了。"而他自己也身体力行地证明了这一点。

然而，性欲让托奇完全失控的时候，就是我最无法与它换位思考的时刻。为了更好地应对这种特殊情况，在托奇青春期时，经过朋友引荐，我向一位潜心钻研自然疗法的兽医寻求建议。她认为，顺势疗法可以很好地平衡强烈的性冲动。

这位医生的诊所里有许多玻璃容器和盆栽植物，还有矿物和装满干草药的柳条篮子。房间里挤满了人，就像一个工作室，尽管托奇有明显的医生恐惧症，但是因为这位医生没有穿着白大褂，所以，它毫无防备地走进了房间。医生友好地把小鱼干递给托奇，但它怀疑地闻了闻后便拒绝了。现在，它觉得这里的一切似乎有点可怕了，于是想要起身走出门口，医生对此却见怪不怪，她详细地扫描了托奇，并称赞了它的身形。

"要让它远离那些色情片！"顺势疗法医生对我说道，我则听得一头雾水，她继而向我解释道："我的意思是，要禁止你的狗在散步时嗅味道。"我的第一反应是：这怎么行得通。如果真的这么做，那么每一次散步对于狗和人来说都将是一种折磨。而且，我也不想把宠物狗所拥有的少数性自由也给妖魔化。但这些我都没有大声表达出来，因为我并不想和这位医生——一位干练的、深发色的、强势且显得权威的女士——争论。

我向她描述了托奇的性冲动引起的一些并发症，但医生对此不以为然。她认为，绝育不是解决之道："这道理同样适用于人与动物。性腺有它的功能，人和狗都必须接受一些症状存在，然后生活下去。"对于一只完全健康的狗来说，只有出于医学原因时才应该做绝育手术，比如老年，或者有患前列腺癌的风险时。

为了缓和托奇的性冲动，这位医生还推荐了一种叫圣洁莓的植物。

除此之外，她还推荐托奇做些运动和游戏。比如蹦床对狗来说就很不错，这项运动能够增强狗狗的肌肉；小圈乘训练（Cavaletti Training）（一种马术训练）可以提高狗狗的协调能力。此外，医生还向我介绍了拉力服从赛（Rally Obedience）的作用，这也是一种狗狗进行的巡回训练。"让你的狗忙起来，这样它就不会有多余的想法了。狗是非常聪明的生物，必须让它一直参与挑战。"她向我建议道。

后来，我给托奇喂了一段时间的圣洁莓，但当这些小果子越来越多地出现在厨房地板上时，我就不再喂了。反正它的性欲也不是依靠果子来调节的，而主要是根据季节变化，有时旺盛，有时冷淡。这种情况下，牵绳引导更加实用。

托奇的困扰

> 狗狗的良好饮食和人的均衡膳食一样，都是复杂的问题，各种专家建议不绝于耳，但每个人都必须闯出一条自己的路。

有时，朋友们会带着自己的狗狗来访。但无论是拉布拉多犬、贵宾犬还是金毛猎犬，这些狗狗都会朝托奇的狗食碗走去，把碗里的狗粮吃个干干净净。托奇就那么看着它们，好像惊讶于它们竟然对这些平平无奇的食物颇为享受。

很多人可能都觉得，我不应该把一个装满食物的碗就这样放在外面。训犬师阿斯特丽德也曾经告诉过我，应该只允许狗狗在进食时间内接触装满食物的狗食碗，显然，进食是狗的基础本能，我们可能向狗发出了一些错误的信号。这样与饮食有关的错误信号还有很多，比如在狗狗幼年时期，用手给狗狗喂食可以加强彼此的感情，但是狗狗长大后就不能再这么做了，因为狗可能会因此误以为自己是狗群的首领。

根据经验，一只成年狗每天只需要被喂食两次，并且，在进食期间不要分散它的注意力。如果你昼夜不停地给它食物，一切就会演变成一场权力角逐：狗狗会拒绝或者捍卫食物，并且自己决定何时进食以及进食多少，从中，狗狗希望获得领导地位。

但托奇是一只你必须喂它，它才会吃的狗。即使它饿了，也不会冲到碗边疯狂进食。当它听到有人在它的碗里装狗粮时，它就悠闲地朝厨房跑去，在门槛上随意地坐下，抬头观察着食物准备好了没有。通常在最后一步，我们会在食物上滴几滴鱼油，鱼油可以预防狗狗皮肤过敏和关节炎。然后，托奇会缓慢地抬起身体，走到碗边，开始用长长的舌头将那些颗粒卷进嘴里。接下来，它会在一步之遥的水碗里喝水。进食过程中，房间里充满了它"咕噜咕噜"的吞食声。

托奇不怎么爱吃东西，这或许和它从容不迫的性格有关。此外，牧羊犬本身就不像猎犬那样专注于进食，因为猎犬经常运动，会消耗更多的能量。此外，伯恩山犬的肠胃很敏感，这很大程度是源于品种育种的基因改造。当然，这也跟狗主人的控制有关，在这之前，我们和托奇经历了一场可怕的狗粮险情，后来我们听从了兽医的建议，一直给托奇喂食低过敏性食物，而且食物的形态多种多样，有时候是狗罐头，有时候是狗干粮。考虑到托奇的牙齿健康，用牛皮制成的咀嚼零食也是非常好的选择。

但是，我们并没有对托奇的饮食做出教条般的规定。如果集市摊位上的推销员递给它一根维也纳香肠，它是可以吃的。此外，它还喜欢喝纯白酸奶，吃纯白干酪以及帕尔马干酪、熟火腿和鸡肉——这些都不是问题。在低过敏性的前提之下，我们可以很快确定哪些食物可能干扰它的消化。

如今，人们对狗的喂养方式也说明了它们在社会中角色所发生的变化：过去，我们会把厨余垃圾喂给狗吃，但是现在，我们可以根据自己的想法来挑选产品。正如人们越来越关注食物的来源和所含的物质一样，狗粮的成分也有了新的含义。最近，所谓的生骨肉喂养法"BARF"流行起来，这是一种基于狼的饮食习惯的饮食方法。BARF 代表 Born Again Raw Feeder——重生的生食者，后来又改为 Bones And Raw Foods——骨头和生食。在德国，这一概念被翻译为"生物学上适宜的生食喂养"。生骨肉粮由生产商冷冻运送，包括纯肉、软骨、肌腱、韧带和内脏。由于生骨肉不含任何人工添加物，因此被认为是极其天然和健康的。一位生骨肉喂养者告诉我，这种喂食方法成功地使他的狗摆脱了过敏和不耐受。

但在食谱的另一端，一个与之相反的方式也在高歌猛进：纯素食喂养宠物。这样喂养问题不大，不会损害狗狗的健康，但是关键在于，我们真的应该这样做吗？记者阿拉德·冯·基特利茨（Alard von Kittlitz）在《给狗吃草》（德语：*Des Puddles Grünkern*）这篇文章中，以哲学的方式探讨了这个话题："只给狗喂素食是违背自然的，用纯粹的山羊般的道德观念绑架了狗狗。"生骨肉喂养者声称自己在尽可能地从狗的天性出发，并发展出了一套营养观。而素食主义者也出于自己的信念行事，但他们做出这个决定只是为了自己，而不是为了狗狗。

整体来说，狗跟人类一样是杂食动物，但如果喂食的是适合每只狗自己的需求，而且耐受的食物，狗的寿命可以得到延长。起初，我低估了这件事的重要性，后来，当我明白其中的关联后，就给托奇喂食了繁育员推荐的优质干粮。大约两年后，由于青春期的关系，它突然不喜欢这款狗粮了，这是一种正常现象。当向繁育员征求意见时，她告诉我："它的荷尔蒙正在改变，有些气味和芳香它不喜欢了。"

在寻找新食物的过程中，我犯了一个严重的低级错误：我没有让狗逐渐适应小份的新食物，并观察它是否耐受，相反，我天真地每天都给它喂一些新的食物——今天是山羊肉做的狗狗香肠，明天是用土豆和木瓜搭配鹿肉，接着是用南瓜和甜菜根搭配有机火鸡肉。不同口味和稠度的食物大杂烩让狗狗在吃东西时看起来很开心，但这对它的胃并不好。结果，托奇患上了慢性腹泻，过了好几个星期，它才稍微好转。

为了让虚弱的狗狗强壮起来，我再次向那位顺势疗法的医生寻求帮助。尽管我买的狗粮是新鲜的，但她仍然像第一次谈话时那样坚定地建议我用自己煮的熟肉搭配蔬菜。她让我在食物中尽量多地混合绿色蔬菜，最好是生菜或者羊角芹；为了平衡肠道菌群，还可以给狗喝酸菜汁或者面包发酵饮料；如果它体内有虫子，就给它吃特定的药丸，这有助于防止狗狗的神经受到过度刺激。我赶忙把这些建议都记了下来，而她继续还在嘱咐我道："蜂胶有利于免疫系统，艾草有利于消化，您可以倒一茶匙加四分之一升水，静置十分钟后给狗狗喝下。"

我离开诊所时，深感自己在托奇的饮食中犯了不少错误，如果我连为孩子和其他家人做饭都做不到，又怎么可能每天都为托奇制作新鲜的食物呢？只是，我实在不知道该如何让托奇愿意吃沙拉，喝酸菜汁。托奇后来给出的答案也很明确：我在狗干粮里掺的所有蔬菜，它都不吃，它精准地把这些菜剩了下来；而且，它拒绝吃艾草，即使里面藏着一块火腿也不行。最后，我不得不咨询兽医，为托奇安排了低过敏性的食物。

良好的饮食让托奇避免了腹泻，健康状况也稳定了下来。然而，在绝育的问题上，它却没有什么变化——虽然它没有被剥夺这方面的能力，但也依然没有性生活。我有时也会揣度，我们是不是让托奇的生活太无趣了？它的食物是不是太过平淡、不够丰富了？它也会渴望生骨肉饮食吗？还是只要吃饱就够了？托奇的饮食并不是由它自己选择的，而是由我们人类为它准备好的，几千年前，一部分狼被驯服并演变成了狗，狼放弃了自由，作为回报，可以不太费力地得到食物。托奇的祖先将自己的生存环境从自由自在的大自然，转向了人类控制下的自然，其代价就是，丧失了野性和自我猎食的权利。

食物的问题，说明了狗已经背离了自己原始的本性。表面上看，狗似乎代表着自然的力量，但实际上，狗已经有了人造的文化内核，变得难以在野外生存。即使它们有捕食的能力，也已经难以消化大自然中的食物了。一些犬种战斗能力依然很强，但它们却不知道该如何处理猎物，有一次，我看到托奇不小心用爪子拍死了花坛里的一只小鸟，这似乎让它很意外，而且它对自己（更可能是偶然获得）的猎物毫无兴趣，很快就转身离开了。

　　狗狗的良好饮食和人类的均衡膳食一样，都是复杂的问题，各种专家建议不绝于耳，但每个人都必须闯出自己的路。在遛狗的草地上，狗主人们互相取经，讨论所有可能的饮食。有些人提起完整的兔子——包括肠道内容物和皮毛时，就骂骂咧咧的，还有藻类和粉状苍蝇幼虫（富含蛋白质）也都是热门的话题，当然，肯定还少不了各种狗粮品牌的评价。每个人都对自己为狗狗选取的饮食模式赞不绝口，就像捍卫自己的生活模式那样。我在孩子很小的时候就发觉了这一点，母亲会觉得她们必须为自己辩护——无论是全职妈妈还是职场女性，是自己照料孩子还是雇保姆照看。在我看来，一个人越是缺乏安全感，就会越在意自己的方案。这一点适用于育儿，也适用于养狗。

　　至于狗本身，我们不能指望它对自己的饮食做出有意义的判断。作为主人，观察和解释它进食时的行为十分重要，此外，从它的排泄物也可以得出一些结论。对狗的排泄物进行分析，是人类和狗之间交流的重要手段。到目前为止，我还没能弄清楚托奇是根据什么标准来选择排便地点的，但当我们傍晚散步时，它一旦开始在草坪上放慢脚步，并且转圈圈，我就知道到时候了。接着，它会把大屁股坐在地上，把上半身伸直，前腿紧紧地靠在一起，身体形成一个三角形，活像一台三脚架。排便时，它通常会出神地看着远处，仿佛那里正在上映一部跌宕起伏的电影。

Das Tier meines Lebens

第三
部分

对野性的向往

狼群的嚎叫是一个古老时代的回声。

狗从狼那里继承了合作和适应群体的特质，它们不仅作为一种家养动物存在，而且能直抵人类的内心深处。

狗填补了我生命的空缺之处，使我的感受和思想更加和谐，它的存在使我愈发完整。

托奇和我正在散步的时候，突然警笛大作，一辆闪着蓝色灯光的警车从我们身边呼啸而过。托奇把嘴巴伸向天空，头朝后一仰，大声叫了起来。

警笛声一高一低的音调，让它想起了祖先狼群的嚎叫大合唱。我很乐意见到托奇身上那些古老力量的踪迹，比如它喜欢在沙地上挖浅坑，在那里度过一天中最炎热的几个小时，这个习惯就是来自狼的基因。如果它像鳄鱼一样张大嘴巴，向我展示它那些可怕的牙齿，我会忍不住把它想成野外生物中的一员。但是，想象和现实总是相去甚远，不久前，当一只小黑猫从托奇身边跑过时，它竟然害怕地逃走了。

我培养狗狗的野性、自由、距离感和不可预测性，并认为这样我就可以更好地控制它，这是多么自相矛盾的想法啊。它的存在唤醒了我对原始的渴望，我很欣赏它给予我的友好而有教养的陪伴，同时，我也很欣赏它能在任何时候都打破边界，桀骜不驯。在狗身上，我看到狼性一次又一次地显现，根据不同的解读，这既可以被视为一种对人的威胁，也可以看成一种狗狗内在的可能性。

也许正是因为这种矛盾性，我的狗狗专家朋友莉莉认为训犬不仅是多此一举，而且是错误的。在托奇还是小狗时，她曾来探望过我们，当我把还是小狗崽的托奇赶出餐厅，以防止它在餐桌上讨食物时，莉莉皱起了眉头："我不想要一只受过训练的狗。"从她的角度来看，训犬学校扭曲了动物的性格，使狗成为一种艺术品。只是，我不确定特拉维夫的公寓或柏林的房子能承受多少野性，也不清楚我的狗到底带有多少狼的基因。

从生物学的角度来看，事实是很清晰的：狼和狗的DNA有99%是相同的。从基因来说，狗在很大程度上仍然是狼。但是，人类和黑猩猩的DNA也有99%以上的一致性，可这两个物种在本质上是截然不同的。除了基因，环境也会影响生物的发育。因此，几万年前，当狼群中的一些狼寻求接近人类时，这些狼的行为发生了根本性的变化，随后，有了从狼到狗的转变。

我想更多地了解托奇的祖先，于是，在秋季某一天的日出前，我来到了离波兰边境不远的一片草地之上。在这里——勃兰登堡的东部边缘，狼群从 20 世纪 90 年代末开始返回德国，在此之前，它们被无情地猎杀，自 19 世纪中叶以来在德国境内已经灭绝。偶尔，会有一两头孤狼从波兰"移民"到德国，但又在那儿惨遭枪杀。1990 年以来，狼才开始在德国受到保护，大约千禧之年的时候，两头从波罗的海国家移民到波兰的狼第一次有了后代。就这样，第一批欧亚灰狼在上劳西茨（Upper Lusatia）地区扎下了根。

在过去，人们从我脚下的这片山谷里开采出了褐煤，后来，又人工疏浚出了一片湖，修复了一片白桦树和黑松林。此刻，托奇躺在我身后的草地上，坐在我旁边的，是勃兰登堡狼队的秘书长斯蒂芬·海伯。他今年 54 岁，曾是一名挖掘机司机，后来经过培训，他成了一名全职的急救人员，并且一直和狼打交道。

黎明是看到狼的最佳时间段。狼喜欢晚上打猎，白天睡觉，黎明时分，吃饱了的狼会回到领地，再将食物吐出来喂给小狼。海伯给了我一副双筒望远镜和一件迷彩上衣，这或许并不是为了伪装，更是为了抵御草地里的蚊子。我们在身上喷洒了驱蚊水，我也给托奇擦了一些。几百米外有一小片森林，海伯指着那片森林说道："那里就有狼，那儿是它们的巢穴。"我兴奋地猜测：我真的会看到狼吗？会遇到某种意义上真正的托奇吗？

在新冠疫情期间，每次带着狗狗散步时，我对大自然的渴望都在增加。不，不仅仅是向往大自然，而是向往任何野性的、真实的，甚至可能有威胁性的事物。狼在我眼中必然不会是人畜无害的野生动物，我对狼的最初印象，是从伊索寓言和格林童话开始的：狼撕碎了无辜的羊，还吃掉了一位外婆和她的外孙女。后来，我又从电影中知道狼是一种神秘的生物，长着黄色的眼睛，会对着月亮嚎叫，它被描述为森林里的强盗，是贪婪和暴力的象征。但是，我真的很想亲眼看看狼，这让我沉浸在了紧张的期待中。虽然这听起来有些可悲，但我渴望通过与大自然的亲密接触，来化解现实世界的无奈和缺憾，我把这种渴望投射到了动物身上。

作家佩特拉·阿内（Petra Ahne）在她的作品《狼》（Wolf）中谈到了内心的狼，她认为狼身上有着一个亟待挖掘的宝藏，且能与直觉共存、与自然关联。"狼似乎指明了一条通往真理的路，而这个真理在人类的日常生活中是难以洞察的……狼把陌生感带到了我们散步的森林里，把它变成了一个更丰富、更神秘的地方，让人觉得这里有着比人类创造的更宏大的秩序。"在书中，阿内对人类与传说中野生动物之间的互动关系进行了概括，其精练程度超过了任何标准化的科学著作。任何寻求与狼亲近的人都有一种需求，在 20 世纪 80 年代，美国生物学家爱德华·威尔逊（Edward O. Wilson）将这种需求命名为"生物亲和力"（biophilia），意为：寻求与自然的联系，是我们与生俱来的冲动，一旦没有了这种冲动，我们就会枯萎。二十年前，精神分析学家埃里希·弗洛姆（Erich Fromm）曾经谈及了一种对生命和所有生物的热情与热爱，根据他的说法，"亲生物"（biophilic）的人想要的是更纯粹的自然，而不是拥有更多的自然。

一群鹅从湖边的洼地上扇动着翅膀，聒噪地飞走了。海伯介绍说，这个地区的狼群目前约有 16 只狼，其中有 9 只幼崽。一旦幼崽性成熟了，长到 18 ～ 22 个月大小，它们就会去游荡，并在其他地方建立自己的族群。目前在勃兰登堡生活着 100 多群狼，每年 1 月到 3 月，它们都会重新分割领地，并且做出明显的标记。在海伯说到"标记"这个字眼时，我看了一眼托奇，它正喘着粗气看着地面上的凹陷处，鼻子在风中不断嗅闻着，看起来十分兴奋。一群蚊子正在它身边不停打转。

就在此刻，太阳升起了，周围的一切都变成了彩色电影：雷雨下灰色的天空与松林浓密的绿色相映成趣，湖水在其间闪耀着蓝色的光芒。海伯向我展示了他的热成像相机，这是一种军事设备，也可以用于狩猎。基于温差原理，这种相机可以在没有聚光灯的情况下于更远处捕捉到动物。当我透过取景器观察时，我看到一个明亮的白色斑点，正从粗砺的环境中突显出来。白色代表着温暖，而温暖代表着生命。随着白点的移动，我的心跳得更快了，但后来发现，那只是一只普通的野兔，并不是狼。

就像一场狩猎，我们举着双筒望远镜，等待在这片无垠的荒地上能发生些什么。海伯身材高大、健壮有型，他告诉我，距离他 2012 年冬天遇到第一只狼起，已经过去了将近十年的时间。当时，他正在森林里摆弄着自己的新相机，一头狼突然出现在他面前："它的皮毛看上去很威风，但从紧紧夹住的尾巴来看，它是个彻头彻尾的胆小鬼。"吓坏了的狼跑开了，退回到森林深处。但这场短暂的相遇却大大激励了海伯，让他甘愿投入到拯救德国的濒危物种中去。

第一次见面后，海伯花了三年时间才又见到了狼。但现在见到狼已经不是什么稀奇事儿了，因为在这期间，狼的数量急剧增长，而且，海伯对这种动物的习性了如指掌了。他非常熟悉狼群聚集的地方，所以，只要肯付款，他就可以给像我这样厌倦了城市文明的人带来一些野性的体验。

"如果我独自在树林里遇到了一头狼，它会攻击我吗？"我问。

海伯笑着摇了摇头："当狼还是幼崽的时候，只接触过野生动物的肉，所以，人类并不是狼的猎物。"

雷声轰然，雷雨将袭，上升的风在地平线上形成了肉眼可见的旋风。即使褐煤的开采早就结束了，被开发的大自然也正在恢复，但人类仍然在不断地进行着新的规划和干预。真正的自然，只存在于荒无人烟的地方，存在于没有人类干预的地方。自然变得罕见，而随着自然的消失，人们对自然的渴望却越来越强。

"在那里！快看，有一头狼！"海伯突然喊道。我把双筒望远镜调了调，确实看见了一头狼正在几百米外慢悠悠地溜达。它走在一处斜坡上，就像在走T台秀。它的身体比狗更加舒展，腿也更长，三角形的小耳朵向上竖着，尾巴向下耷拉着。这头狼看起来很瘦，皮毛像野猪一样粗糙。也许是因为空间上的距离，这场与狼的相遇并没有我想象中那般惊心动魄，我遇到了一只看起来像狼狗的生物正饿着肚子游荡。这不是我想象中的猛兽。

雨水落下来了，我们于是收起了露营椅、双筒望远镜和热成像仪，走向停在禁区入口处的汽车。托奇今天特别黏人，一秒钟也没有离开我的身边。

阵雨刚开始，海伯就把他的越野车后部变成了一个移动的车载电影院。他把一台笔记本电脑放在支架上，开始播放一部关于自然的短片。里面有老狼喂小狼的特写镜头，甚至有公狼和母狼进行交配的情节。在某些镜头中，我看到了托奇的影子——比如当狼躺着，把头放在爪子上时，或者小狼们玩游戏的时候，它们在地上打滚，挠对方的脖子，这场景让我想起了托奇和其他小狗玩闹的样子。

短片中的场景很壮观，但这也只是图像。即使从技术层面做到了高水平的还原，也只是对自然的记录，虽然接近了自然的本质，但无法完全感受它。我知道，海伯是在尽最大努力来满足我作为一名都市人对野性的渴望，他就像一个魔术师，想从帽子里变出一个又一个惊喜。

现在，他又从后备箱里翻出一张卷起来的海报，打开铺在沙地上。这张大约 5 米长的海报展示了一头狼的踪迹，它一路小跑，并且在此过程中留下了动物后爪踏入前爪形成的特殊印记，这让它的行踪看起来像珠串一样连续排列。当一群狼在小跑时，后面的狼往往会踏着先行者的足迹，于是地上只留下一条足迹。"这也是孤狼神话的原因之一。"海伯解释道。

托奇在铺开的海报上一路小跑，把鼻子埋在了路边的草地上。海伯见状告诉我："和狗不一样，狼总是有计划的。狼很清楚自己想要什么。"狗不需要为自己的食物发愁，可以随心所欲地嗅、漫步甚至休息，但是，狼经常需要跑很长的路来寻找猎物，小跑有助于它们节省能量。

我和海伯在荒地上散步，在距离破晓时出现狼的山坡不远处，他突然又喊了起来："在那里，快看！"在海伯所指的肥沃土壤上，可以看到两种截然不同的动物的踪迹。"这是一只狼在追一头野猪。"海伯说道。托奇饶有兴致地沿着这条小路往前走，但始终保持在离我约30厘米的距离之内。狼喜欢跟同类在一起，但是狗则以人类为导向。

那么，是什么促使第一批狼在冰河时代开始演变成狗，向人类靠拢呢？为什么热爱自由的掠食者，会心甘情愿地陷入依赖关系呢？为什么托奇的一些狼祖先会改变立场——慢慢进化成更喜欢放羊而不是吃羊的物种呢？

究竟是狼主动被驯服，还是人类积极扮演了驯服者的角色，专业人士众说纷纭，至今尚无定论。同样，关于狗是在东亚、中东还是西欧先出现的，大家也莫衷一是。关于狗的起源存在大量的理论和传说，从中可以提炼出两种主流观点。一种理论认为，石器时代的人类在狩猎中捕杀了一只母狼，并将它的幼崽抚养长大。另一种理论认为，远在一万五千多年前，因为人与狼的生活方式非常相似，都喜欢成群结队地打猎，也都会为了捕杀猎物而历经长途跋涉，所以狼自愿加入了人类，与之合作，形成了狩猎共生关系，也因此迈出了被驯化的第一步。

无论如何，驯化狼并不是人类的成就，而是自然的结果。直到人类开始定居生活后，真正的驯服才开始。大约一万年前，人类开始干预野生动物的进化，有针对性地按照自己的喜好繁殖动物，人类和动物的关系彻底发生了改变。在狼的幼崽中，只有那些值得信赖并且对人类有用的狼才能活着，其他的都被杀了。

在过渡时期，人类根据混血犬狼的功能性高低来进行选择，并让它们杂交繁育。伴随着一代代的繁衍，这些动物变得越来越温顺，最终，在行为和体格上都与它们的野生祖先逐渐产生不同。它们的牙齿变小了，性格也变得温和，并且，在人类全面照顾的过程中，狼的部分身体素质下降了，但社交能力却日益增长。于是，诞生了人类的第一只宠物——狗。

狼变成狗的先决条件，是其具有祖先遗传下来的智力基础，以及其独特的社会行为——狼是群居动物，每一个狼群都有着类似于家庭的结构。年长的狼会帮忙养育幼狼，在狩猎较大的猎物时，所有狼会一起出力。而狗从狼那里继承了合作和适应群体的特质，如果不是凭借眼神方面的交流能力，狗可能永远不会发展到现在的程度，正是在面对人类时交流的能力，使狗与狼有了根本的区别。

　　进化生物学家约瑟夫·莱希霍夫（Josef H.Reichholf）是研究狗和狼的专家，他认为狼变成狗的进化过程，对人类的发展具有重要意义，与利用了火和发明了语言一样举足轻重。莱希霍夫在他的《狗和人类》（*Dogs and Their Humans*）中写道："因为狗进入人类的生活，伙伴关系的概念得以拓展，这是一种共生关系。"人类的大脑和狼的大脑一样，都在定居化的过程中明显萎缩了。社会大脑在和纯粹本能较量的过程中逐渐占据了上风。

　　从生物学家的角度来看，狗不仅仅作为一种家养动物存在，而且能直抵人类的内心深处。如今，地球上估算起来有 5 亿只狗，却只剩下 18 万头狼，狗这个物种正经历着巨大的成功，而狼则正在走向灭绝。然而即使如此，也不是每个人都对狼重现于德国而感到高兴——

猎人在狼的领地里深感不安，农民们担心狼会叼走他们的羊。作为勃兰登堡狼队的秘书长，海伯列出了哪些农场主在用栅栏保护自己的牧场，以及哪些农场的动物遭受了狼的袭击。为了使野生狼能够更好地在人造的自然中存活，当局制订了针对狼的管理计划：鼓励狼的回归，同时将其造成的伤害维持在最低限度。海伯告诉我："在狼袭击农场动物的案例中，有三分之二都因为人使用了栅栏而未能得逞。"他收集这些数据的目的，就是为了改善狼在人们心目中的形象。

海伯算得上是狼群的"会计"，他记录着勃兰登堡有多少狼出生，有多少狼死亡，他还把狼的粪便样本送到实验室并撰写报告。每一年，他还会和其他联邦州的狼队秘书长们交流意见，一起为欧盟机构提供狼群的最新发展情况。

当我们穿过荒地去寻找另一只狼时，其间有一只幼狼在远处经过，但很快就消失了。海伯停了下来，从背包里掏出一个塑料罐头，叫住了我："伸出你的手。"他把罐子里的东西倒在了我的手掌里，我认出其中有一块骨头、一只蹄子的一角、一颗尖牙。海伯解释说，我手里拿着的是狼的"暗号"，之前他受纪录片的影响，萌生了煮狼粪的想法，只为看看煮过后会剩下什么坚硬的部分。"别担心，全都是无菌的。"海伯补充道。对此我毫不质疑，因为当一部分残片落到地上时，托奇甚至都没嗅到任何味道。

当我看到托奇为了一块狗饼干而乖巧地坐下时，很难把它和狼联想到一起。狼会捕捉鹿，偶尔还会捕捉羊。相比起来，托奇虽然有着厚厚的皮毛，但是爪子却很笨拙，它似乎更像熊，而非狼。或许正因如此，当它还是一只小狗崽时，我们本能地给它取名托奇，而不是最初计划过的万佳。"万佳"这个名字更适合如今这只已经成年的大狗，能完美契合陀思妥耶夫斯基或者冈察洛夫小说中的人物灵魂。

尽管托奇和其他的狗一样，在基因上都有狼的狩猎本能，但它心甘情愿地从属于人类。直觉告诉它，这才有益于自己拥有美好的生活。它适应环境的能力很强，否则它也进不了客厅。托奇对人类的信任，是犬类代代繁殖的结果，而它的外表也是基于此。在狼身上，那些能提高它们野外生存率的进化特征得以保留，而在狗身上，人类则有意识地选择了对自己有用的特征。

在森林里的一个交叉路口，海伯走向了一棵树，上面挂着一个鸟窝。"里面有一台数码相机，当有动物走过时，运动探测器会拍下照片。"他一边说着，一边拿出了机器里的存储卡，这些装置被称为"照片基站"，海伯特意将它们放置在有狼出没的地方。为了评估成果，他把存储卡插入笔记本电脑，很快，我看到了几只野猪穿过的画面，还看见了一只狐狸和一只獾。狼也出现了，它比其他野生动物更加坚定，不左瞧右看，而是一心一意地小跑着。突然间，我在海伯的屏幕上认出了一个熟悉的身影——四条腿，长着皮毛，白色胸口，耳朵松软——接下来是一个背着背包的男人和一个穿着迷彩上衣的女人。显然，走在我们前面的托奇触发了摄影装置，让我们全都得以入镜。但和镜头下的野生动物不同，托奇看起来营养均衡，皮毛闪闪发光。

但只过了一会儿，当我们准备回到车上时，托奇因为受不了蚊子叮咬带来的痒，索性躺在土路上，像涡轮机一样在沙子里打起了滚。当它站起来的时候，皮毛上沾满了灰尘，倒是很像我们在破晓时看到的那头脏脏的狼。

"很可惜，这次我们没有听到狼的嚎叫。"在跟海伯告别时，我说道。他点了点头，然后从口袋里掏出手机，播放了一段音频。他介绍道，他最近意外地接近了一个狼群，当它们开始齐声嚎叫时，他本能地按下了"录音"键。他说的没错，手机里的"音乐"确实非常动听，一头母狼起了调，其他狼跟着唱。狗只会嚎叫，但狼却可以像唱诗班一样合唱，虽然它们的合唱令我汗毛直竖。

在开车回城的路上，托奇坐在后备箱里，望着窗外，而我还在整理自己的思绪。狼群的嚎叫像是一个古老时代的回声，在那个时代，人类的存在与动物的存在几乎没有什么不同。它让我不由得想起人类学家纳斯塔西娅·马丁（Nastassja Martin）所描述的原始力量，即"随时准备着，撕裂我们生命的脆弱"。在她对偏远山区和森林的探索之旅中，这位法国妇女感受到了一种"人类之外的意志"。她开始意识到，我们并不是唯一能在灌木丛中"感知、思考和倾听"的生命体。2015 年，在俄罗斯堪察加半岛的一次高山探险中，纳斯塔西娅·马丁与野生动物进行了正面交锋：35 岁的她被一只熊袭击，并和熊进行了搏斗。她受了重伤，但是幸存了下来，在康复期间，她开始追寻自己的身份认同。她出版了一部长篇自传体小说《野性的信仰》（*In the Eye of the Wild*），在扉页上赫然写着"这是一次重生，而不是死亡"。书中还写道："有一个难以理解的我们，一个我模糊地怀疑来自遥远的过去的我们，远远超出了我们有限的存在。"

和纳斯塔西娅·马丁一样，英国作家约翰·伯杰（John Berger）也谈到了人类与祖先、与远古接触和联系的需要。伯杰在 20 世纪 80 年代初的文章《我们为什么要观察动物？》（*Why Look at Animals?*）中这样写道："所有的秘密，都在于动物是人与生命源头之间的使者。"狼为我勾勒了一种与原始力量之间的关联。而当我在有狼出没的地区待了一个上午之后，我不禁问自己：托奇是否也为我展现了这种原始的力量？狗使我的感受和思想更加和谐，它的存在使我愈发完整，就像所有伟大的爱一样，托奇填补了我生命的空缺之处。

乡下的闭关时光

一位诗人说："我之所以是我，是因为我的小狗认识我。"

狗狗以一种让我吃惊的方式映射着我，刷新了我对自我的认知。

一个炎热的夏日午后，我把笔记本电脑、一箱纸质素材（包括书、杂志、文章和论文）、一箱衣服和一箱食物放在汽车的后备箱里。接下来，我有四周的时间远离城市生活，搬到乌克马克（Uckermark）一个人烟稀少的地方完成本书的最后一部分。这段闭关的日子，也给我提供了一个验证的机会。如果接触大自然成了我这一个月内最重要的事，一切会变得怎样？如果只剩下草地、森林和湖泊与我共鸣，我会是什么样呢？根据我的周密计划，在这一个月内，我会先一个人独自生活，按照自己的节奏过上一阵子，当我真的安顿下来后，才会让先生把托奇送过来，然后和它一起生活。

几个小时后，我的车在柏林以北约 100 千米的一条鹅卵石路上隆隆作响。车子经过一排密密麻麻的房子。然后，小路变成了土路，视线很快就开阔了起来。在村子的出口，矗立着一座几近废墟的庄园：两座没有屋顶的马厩，一个小水池，在覆盖着淤泥的水中，一只天鹅在慢动作地旋转。战争后，这座庄园一度成了难民的住所，在民主德国时期，这又成了当地消费的大卖场。再后来，庄园空置了，一场暴风雨严重损坏了它，并且无人修缮。

2012 年，一位来自柏林的科学记者被这片废墟迷住了，同时迷住她的还有这里的野生动物——蜜蜂、鹤、青蛙、蟾蜍等，以及邻近的山毛榉林里到处可见的沼泽中的桤木，当然，还有花园中央那棵高大的红山毛榉。在和她的一位建筑师朋友商议后，她买下了这座破败的庄园——更多是出于她的艺高人胆大，而非理智。接下来，一场基于生态原则的大改造开始了，经过一段时间的努力，一组度假小屋赫然成形。我租下了其中一套公寓，包括两个房间、一个木质游廊，我可以从三个方向欣赏不同的自然景观。这样的房子足以避免我在这片荒原上感到绝望，同时也不会让我分心。实在是太完美了！

抵达目的地时天色已晚，我打开手机上的手电筒，慢慢地走进房子里。在离开柏林之前，我一直很不安，在这片没有托奇的荒原里，我会有安全感吗？这个小度假村现在只有 8 栋房子，其中一半只有在周末才会有人光顾。我暗自琢磨，如果有两个罪犯在这里杀了我，大概没有人会听到我的尖叫，就像杜鲁门·卡波特（Truman Capote）*笔下描述的农场主克拉特家族**那样悲惨。在这一刻，我有些沮丧，心灰意冷地想象要在这里度过的一个月的时光。

但是，当我走进房间时，看到的是一个如修道院般素净的房间，墙壁是黏土抹灰的，木板是上了油的，一切都让我感到非常踏实。我的隔壁就有一座房子，藏在树篱的后面，而农场的女主人克尔斯廷就住在附近，我们之间只隔着一堵砖墙，如果我喊她一声，她就能听见。她是一名作家兼电影制作人，时常会根据工作需要选择住在柏林或这里。这些小屋还没彻底翻修完，大小不一的油漆桶还立在地上，木板靠在墙上，住在这里的人用电磁炉做饭，用壁炉取暖。房子后面的玻璃窗上布满了灰尘和条纹痕迹，但从书桌前望出去，可以看到花

---

* 杜鲁门·卡波特（1924年—1984年），美国作家，代表作有中篇小说《蒂凡尼的早餐》（1958）与长篇纪实文学《冷血》（1965）。——译注

** 克拉特家族是杜鲁门·卡波特最具代表性的作品《冷血》中的受害家庭。——译注

园中的红山毛榉树，以及远处田野和森林的美丽景色。我住在还没完全修缮好的房子里，生活却似乎比在城里更加舒适，也许是大自然教会了我们欣赏"未完成的一切"，更多地感知细微之处。

第一天晚上，卧室里极其安静，我甚至能听见自己器官运作的声音。第二天早上，在克尔斯廷的帮助下，我把餐桌搬到了其中一扇窗户前，在上面组装了我的电脑，然后把书分门别类地放到两个房间内。我从柏林带了些罐头食品和一些不易变质的食物，我准备在这里将它们全都清理干净，这样等我回到柏林后，也许就会感觉自己为新的事物（物质上以及精神上的新事物）腾出了空间。随着疫情发展，我对断舍离的需求与日俱增，对简单的欣赏也日渐高涨，我想尽可能地轻松生活，就要先从物质上做起。

面对可以自由支配的大量时间，我刚开始还有些手足无措，几乎无法决定先做哪件事。没想到一下子拥有了宝贵的自由，竟然会让人坐立不安。看来在面对突然的转变时——从不间断地被外界诱惑，到完全由自己来决定做什么——人是无法马上适应的。在柏林的时候，人们谈论的主题无论是关于引人入胜的书籍，还是趣味横生的文章、电影、展览，或者是创造性的思潮以及令人愤慨的社会新闻，其本质都是一波又一波来自外界的刺激。一个典型的例子就是，每次我买了德国自然文学奖（The German Prize for Nature Writing）获奖作家的书，但甚至在我还没来得及翻开读的时候，一年已经过去了，下一届的获奖者又被推选了出来。

在柏林时，我经常用一份简报来结束每天的生活，在一天接近尾声的时候，我会问自己：白天出现过的思想碎片，现在还剩下哪些，哪些又值得我找个时间安静地记录下来？尽管我不太可能腾出时间深入思考这些碎片，但能够在智能手机上繁杂的程序中找到记录它们的渠道，已经让我长出了一口气。大都市中的生活，时常让我感到自己在不断奔波、返工与弥补，我需要马不停蹄地追赶和防守。哪怕我一直处于记录的模式，也会经常缺乏处理这些记录的能量。

现在，在乡下，外界的刺激突然停止了。我远离了数字新闻频道，也远离了社交媒体，取而代之的，是夜以继日地阅读书籍。这些书的主题跨度很大，包括人类对狗狗的爱、对荒野的呼唤以及森林中的生活。其间，我在莫妮卡·马龙（Monika Maron）的书《唉，幸福》（oh, Happiness）中读到了一段话，这段话完美地描述了人与狗的关系。书中的主人公约翰娜是这样说的：

"当我坐在办公桌前，再次写一篇关于一本无关紧要的书的无关紧要的文章时，我看了看脚下那只半梦半醒的狗。它注意到了我的一举一动，竖起耳朵，用尾巴敲击着地板，似乎希望我能将它从无所事事的状态中解脱出来。我感到一种莫名的喜悦，就像它正从自己的身体里向我的神经系统发射了一种我能够感受到，但却无法命名的东西，那是一种幸福的感觉。我想，原来触发快乐和感知幸福是如此简单，简单到一只奔跑的黑狗就可以做到，甚至，它什么也不用做，只要睡觉就足矣。我想知道，如果人和狗的基因有 90% 以上相匹配，我是否能从这种生物的神秘力量中获得一些什么？我是否也能纯粹因为自己的存在而感到高兴，就像狗为它的存在而感到高兴一样？"

起床后，我快速吃完了早餐，在办公桌前开始一天的工作。下午，我通常会去远足，或者选择附近众多湖泊中的一个去游泳。除了吃午饭和在田野里散步等短暂的休息外，我一直自律地工作着，日子过得很有规律。当然，我时不时地也会有一些其他活动，比如去农夫那里买新鲜的蔬菜，或者去附近城镇的二手店里逛一逛，那家店的咖啡相当不错。镇子上还有一家面包店、一家肉店和一个超市，但营业时间都十分固定：工作日上午 8 点到下午 1 点 30 分，下午 3 点到 5 点，星期六上午 7 点到 10 点，星期日休息。这一点或许让很多从城市来的人不太习惯。

我过着尽可能简单的生活，珍惜这里的一切，摒弃任何多余的东西，将生活简化到本质。如果把一个油桃切开，混合在凝乳里，是什么滋味？用半个牛油果和三个土豆能做出多少种食物来？只有作为"隐士"的我，才能逐渐体会这一切。

　　当我的日常生活没有了外在的约束和各类约会时，一些原本无关紧要的事情便突然显得很重要：清空堆肥桶成了一件大事儿，天气的每一次变化也都至关重要。我在这里也打扫厨房、做家务，但这些事都会让我深感惊讶，因为之前的我并没有想到，归隐的生活会是如此规律。

　　然而，尽管这里的一切都很宁静，我的内心却无法平静，我坐在书桌前，一页一页地努力写作。除了写作，我还遇到了一些其他挑战。在博伊岑堡（Boitzenburger Land）的郊区，我尝试了好几次，但还是找不到一条徒步路线，于是我只好闷闷不乐地在这个荒凉的村庄里散步。我想，要是现在托奇在我身边，我就不会在乎什么路线了，周围的环境显然没有和狗狗在一起散步重要。只要有它的陪伴，路上的任何地方都是完美终点。

　　以前，我也曾有过不少独处的时光，我很享受这些时光，并能细细品味。但现在，我突然觉得自己一个人时很无聊，也许是因为托奇，它把我变成了群居动物，变成了一个渴望社群生活的人。正如犹太裔美国小说家、诗人格特鲁德·斯坦因（Gertrude Stein）的那句名言所说："我之所以是我，是因为我的小狗认识我。"只有在和另一个生物的互动中，一个人才成为他自己。狗狗以一种让我吃惊的方式映射着我，刷新了我对自我的认知。

再然后，先生带着托奇来看我了，把我从自我孤独中解放了出来。我需要一点时间来适应房间里的热闹，托奇似乎也很困惑，以至于在到达后的最初几个小时里，它像跟屁虫一样到处跟着我，甚至我去浴室时，它也会突然出现在我身边。我给托奇铺了一条狗狗毯，放在了房间一个有遮蔽的角落里，但它不愿过去；当我拿着一本杂志打苍蝇时，它吓了一跳；甚至连鹤在花园里发出的沙哑的叫声也让它不舒服。周末结束之后，我先生回到了城里，而托奇留下来陪我。

在我写作的时候，托奇就像莫妮卡·马龙小说中的狗狗布莱多一样，趴在桌子下面。我把光着的脚放在它温暖的肚子下面，我们时刻保持着互动：当我的椅子突然动了一下，它会懒洋洋地睁开一只眼睛看看我；偶尔，它会摆弄自己的四肢，像章鱼一样把前后腿收起来。自从它来了以后，我就被它的节奏，或者说是被大自然的节奏所吸引了。天亮了我们就起床，饿了我们就吃东西，一切都是如此顺其自然。下午，当我合上笔记本电脑时，托奇就会跳起来，因为它知道，接下来我们能出去几个小时。晚上，我也不用再锁门了，我变得很放松，和狗狗在一起让我非常有安全感。我们睡在不同的房间里，它像一张柏柏尔地毯*一样躺在客厅的中间，而我躺在隔壁房间一张宽大的床上。尽管这听起来很幼稚，但我总会透过半开着的房门门缝向它喊一句："晚安！"

当我早上拉开厚重的毛毡布窗帘，躺在床上望着窗外时，我和托奇的全新一天就开始了。墙体的大部分是全景窗，偌大的窗户外，风正吹着一棵梨树的叶子，叶子跳起舞来，给树枝平添了动感。房间里却没有一点微风，我坐到窗前，手握一杯咖啡，着迷于窗外的世界，同时觉得自己就像待在一个爬行宠物箱里。我不禁幻想，我会想做哪一种动物呢？乌龟、蛇还是鬣蜥？可能与我最接近的，是有着厚厚的外壳以及良好记忆力的乌龟，也可能，做一条柔韧的蛇也很不错。

我随手抓过一条运动裤和一件 T 恤穿上，这身衣

---

* 柏柏尔地毯，厚型毛毯的一种。通常构图简约，风格粗犷，很有自然的气息。多采用天然色，如白色、象牙色，或在米黄色的基调上加入褐色、浅褐色的简单几何图案。整体和伯恩山犬的配色有呼应感。——译注

服我昨天就穿过了，它们带来的舒适感是我近期对着装的唯一要求。在我洗漱和换衣服的时候，托奇一直满怀期待地围着我，然后，我们一起出门，沿着村口的土路行走。田间飘来大麦的香甜气味，我们还路过了一堆黄色的水果，那是些熟得快要烂了的李子，散落在一棵树下。一群椋鸟从灌木丛中飞起来，不久前，天色还是暗的，而此刻，一切变得喧闹起来。托奇在前面小跑，寻找着黑夜残留的踪迹，太阳正逐渐上升，散发着微乎其微的热度，我们则迎着太阳奔跑。

比起直接坐在桌前开始写作，早上先去散散步显然更好。托马斯·曼在《主人与狗》一书中，是这样描述晨间散步的快乐的："是一种安稳、简单、内敛、惬意的幻觉，一种完全主宰自我的幻觉，令人感到快乐。"托奇几乎不会离开我的身边，它比在柏林时表现得要犹豫不决。虽然从空间上说，它比在城市中要自由，但散步时，似乎总有什么羁绊着它。托奇经常停下脚步，闻一闻风，或凝视别的动物——獾、浣熊、野兔和刺猬等，我们甚至还遇到过一条蛇。和在瑞士度假时不同，托奇不会在乌克马克的草地上尽情地跳来跳去。我越是感到自由，托奇就显得越拘谨，也许，是因为它想在异国他乡保护我。

在夏天最热的日子里，村庄周围田地里的农民们正在收谷物、割稻草。透过书桌前的窗户，我看到巨大的机器在田野里隆隆作响，从清晨忙碌到黄昏，有时甚至天黑了都不会停歇，在聚光灯下继续工作。时不时的，还有邻村的农场主驾着马车从窗外经过，并且向我挥手致意。

有一次，有人敲了我的房门，因为门是玻璃的，敲门声听起来像是一只鸟在弹跳。我打开门，外面站了一位身穿工作服的人，他让我把停在路边的车子挪下位置。我难以置信地看着他，因为这里并不存在违章停车的情况。他不好意思地解释道："很抱歉，我的收割机过不去了。"原来如此，我很乐意地为他让了路。头一天，小麦、黑麦和燕麦的穗子还在阳光下摇曳，第二天，就只剩一片残茬了。

在这里，我原本期待自己会自动地与自然建立起联系，但后来，我意识到我的情绪会严重影响我眼中的风景，我所看到的一切，很大程度上取决于我的心理状态。一天，我在慢跑时迷路了，我闷闷不乐地在田野上走着，看着眼前的牛粪、苍蝇以及多刺的黑莓枝条，我顿时对乡村生活破口大骂，仿佛大自然是一个顽劣的敌人，而我可以通过挑衅让它对我客气一点。但片刻之后，我又开始愉快地徜徉在夏日郁郁葱葱的景色里，和大自然寻求和解。显然，大自然并不是你想要体验就能享受到，人与自然的关系也不像冥想那样，并不是一种可以通过坚持不懈的学习而获得的技能。

最后，我找到了回家的那个岔口，跑完了剩下的路。当我打开公寓门的那一刻，托奇把鼻子从门缝里挤了出来，等我进了门，它摇着尾巴围着我打转，还把一只爪子放在我的鞋上。我和它一起坐在地板上玩耍，这和观赏风景不同，我与动物的关系是触手可及的、真真切切的。当我从托奇的皮毛上把牛蒡摘下，或者把它爪子间的土块弄出来时，我尤其感到了生机与活力。

现在，我和托奇时刻分享着一切，一直待在一起，这让我更加清楚地感知到了托奇情绪的变化。很快，我就明白了，这只狗很不喜欢和其他家庭成员分开。它比在柏林时吃得少了，甚至原本最爱咀嚼的骨头也吃不完了，要是放在以前，它甚至会高兴得围着骨头跳舞。它的尾巴也垂了下来，而且行动也不那么敏捷了。夏天的炎热时常会让它情绪压抑，在一个闷热的下午，它突然像一匹顽皮的野马一样停在路上，我不得不咂嘴发出声音让它继续走；还有一次，它躲在了一个陌生院子里的秋千下，我很艰难地把它拉了出来。在这些日子里，我们俩比试着力气，到了晚上，各自筋疲力尽地躺倒在自己的房间里。

托奇还想念和其他狗一起玩耍的日子。每当远处有狗叫声，它就会抬起头，竖起耳朵。一天，一辆厢式客车驶过村子，石子路随之发出响声，托奇赶紧跑到了门口，它可能以为那是柏林的梅兰妮开着载满狗狗的巴士来接它。当看到一个邮递员从车里跳出来时，托奇显得很失望。邮递员给了我一个印有亚马逊 logo 的包裹，我当时有些不好意思，因为在这里网购似乎很给人添麻烦。"您能在这片荒野里找到我，真是太好了。"我感谢道。邮递员却说，她其实经常在这个区域送快递，然后，她提到了两个村庄的名字，说那里是柏林许多潮人的周末度假胜地。

我从包裹里拿出了一个可用电磁炉加热的咖啡壶，以及一只铜手镯，我希望这两个物件能让我的工作更加顺利。早上，我打开咖啡壶，装上水和咖啡粉，这让我在平淡的时光里获得了一些仪式感。随着"嘶嘶"的沸水声和扑鼻的香味，我的一天开始了。而借助铜手镯的想法来自我那远在洛杉矶的姑姑，她说铜能够提升人的注意力。作为一名编剧，她对写作的过程显然了如指掌。但事实证明，托奇比铜更能提升我的注意力。

我的写作时间，开始自然而然地与托奇躺在我脚边睡觉的时间重合了。在它面前，我不会追求效率或者进展，也不会苛求自己必须爆发出创造力。我们每天花时间在一起，它品尝新的东西、消化、睡觉、到处走动，这些就已经足够了。当它在房间里的时候，一切都是重要的，它的存在就是意义。

8月一个阳光明媚的下午，我带着托奇去听一场在教堂遗迹中举行的露天音乐会，节目主要是演奏早期的铜管乐。这座修建于13世纪的教堂，而今只剩下外墙和钟楼的一部分，教堂的中殿里长满了草。天气很热，万里无云，当我想坐在一张木质长椅上时，旁边的一位观众指着托奇说："这狗气喘吁吁的声音对我来说太吵了。"于是，我在出口附近找了另一个座位。托奇像往常一样蹲在我腿前，一大段的舌头伸出了嘴巴外。

主办方做了致辞，当他下场时，掌声四起，托奇立刻开始嚎叫，我吓得跳了起来。而当音乐家们开始演奏时，托奇在过道上伸展开身体，摆出它如"沉睡狮子"般的标志性姿势，平静地躺在草地上。

周围观众的目光一次又一次地落在托奇身上，这让我想起了一位朋友跟我说过的事：一些演员会在合同上注明不和狗一起登台，而且，也不会和狗一起出现在电影场景中，因为他们担心狗会抢走自己的戏份。现在，我有点理解这件事了，狗狗确实有这种魔力。

音乐轻快灵动，气氛轻松惬意。在教堂里曾经矗立祭坛的地方，一位身材娇小的女高音正唱着一首文艺复兴时期的法国情歌。音乐会结束后，我和托奇一起穿过教堂后面的墓地，托奇突然叹了口气，躺在了两个坟墓之间凉爽的沙子里。

秋天似乎来得很突然。一场暴风雨席卷了整个德国，带走了夏天的炽热，白天开始变短，夜晚逐渐漫长。不久前，我还在湖水里游泳，光着脚在泥泞中涉水，但现在我在写作的时候，已经需要穿上羊毛衫了。第一批栗子从树上掉了下来，它们还没成熟，披着绿色的外衣，空气中还弥漫着壁炉烧火的味道。托奇似乎从某种"夏眠"中醒了过来，凉爽的空气使它恢复了活力，早上散步时，它会突然从篱笆下面挤出去，像野兔一样在草地上奔跑，然后，在一块田地里蹭着后背，兴高采烈地动个不停。我们会在路边玩踢苹果的游戏，我一踢，它就追着果子跑，充满活力和欢乐。

在返程的前一天，我用冷面作为早餐，感叹着这下是真的要走了。狗和我都期待着回到家、回到城市中去，期待着群居的生活。我们最后一次走在草地上，看到一只雄鹿正站在一座小山上，骄傲地抬着头。它看起来就像是托奇的分身，因为托奇就站在我旁边，也摆着同样的姿势。

我把书、电脑和手提箱都放进车里，还有托奇的狗毯和狗粮袋。在回城的路上，我特意换上了一件新的白衬衫。

成为更好的人

当你养了一只狗，你就如同重新活过一遍，甚至比这还要震撼。因为你不仅会再次经历一次生命的成长，还学会了从人类之外的角度去观察世界。

你变得更加宽容，更加无私，更加宏大，更加勇敢。因为狗狗，你成了更好的人。

大概凌晨 3 点，我醒了过来，却再难以入睡，著名导演英格玛·伯格曼（Ingmar Bergman）称黎明前的这段黑暗时光为"狼的时刻"。就像被遥控了一样，我站起来，跑到厨房里，托奇正靠在墙上睡觉。它的皮毛闻起来就像潮湿的泥土，我蹲在它的身旁，把头轻轻搭在它身上。在黑暗中，我就这样静静地靠着它，和它用同样的频率呼吸，听着它用尾巴有节奏地敲击着地板，以此表达它的感情。然后，我又回到卧室躺下，感到自己彻底地放松下来，很快，我又睡着了。

有一种普遍的说法认为，狗会促进人类分泌快乐的荷尔蒙。事实上，我光是看着托奇就感到非常开心了。我观察它睡觉时侧卧的姿势，四条腿向同一方向伸展；观察它在早晨低下头、臀部向上舒展身体。它似乎一直以此鼓励我，让我不要把很多事看得那么复杂，生活也许比想象中要简单得多。

　　很多人都觉得，狗满足的是主人潜意识里的欲望。前几天，我的朋友莉莉打电话跟我分享了她养的杰克罗素㹴尤卡的故事。尤卡是只母狗，已经 16 岁 1 个月零 2 周了，并且来日无多。莉莉每天都为它做新鲜的食物，一直陪伴着它，不让它感到孤单。在冬天，特拉维夫（Tel Aviv-Yafo）的黑夜有时会很寒冷，莉莉每天都会比尤卡提前半个小时起床，然后特意打开暖气，这样狗狗起来之后就不会觉得冷了。"尤卡教会了我如何优雅地老去，而我就是它的后援团。我精心地照顾着它，就像是我的生命进入尾声时，我想要得到的照料那样。"莉莉对我这样讲。可以说，宠物就是我们自己的延伸，我们把自己理想中待人与被对待的方式，投射到了宠物的身上。

　　莉莉在电话里还说我是个"A dog person"，也就是"喜欢狗的人"。据说，"喜欢狗的人"非常重视自己身处于某个社会群体的归属感，他们喜欢聊天，即使没有什么可讨论的。一个喜欢狗的人往往是外向开朗、爱交朋友的，在托奇到来之前，我绝对不会用这些特质来形容我自己，那时候的我就是个独来独往的急性子。但现在，我觉得自己确实性格有了改变，是托奇让我变得更有人情味了。现在，我会抚摸别人的狗，看狗主演的通俗故事片，比如 2009 年上映的《马利和我》(*Marley & Me*)。这部喜剧电影讲述了一对年轻夫妇的故事，他们先是养了一只调皮的拉布拉多犬，然后又因为三个蹒跚学步的孩子而手忙脚乱。《马利和我》这部电影非常能调动人的感情，当片中的狗狗走到了生命尽头，即将被安乐死时，家人和狗进行告别，这顿时勾出了我的眼泪。尽管影片中的情节是编写出来的，但这部影片还是有许多非常真实的地方，因为，这部电影是根据报纸专栏作家约翰·杰罗甘的畅销书《马利和我：和世界上头号捣蛋狗的幸福生活》改编的。杰罗甘多年来一直撰写专栏，讲述他和拉布拉多犬马利的家庭生活，在他的故事中，这只狗似乎成了"意义"的创造者，时常给他带来宽慰。杰罗甘学生时代的一位朋友成了《纽约时报》的著名驻外记者，而他只在佛罗里达当地一家报社的编辑部工作，后来又跳槽去了费城的一家报社。马利的存在，帮助他更好地与破灭的梦想和解，即使家庭生活有时是平淡无奇、一成不变的，马利的存在依然让他感到自己的决定也很不错。

对于杰罗甘心中家庭生活和冒险之间的冲突，我也很有同感，我也是那种总觉得"山那边的草更绿"的人。多年前，我和当时还是男朋友的先生一起坐在以色列海边看日落，那是一个完美的时刻，然而，就在太阳即将落入地平线的时候，我突然指着另一块岩石说："我觉得在那里看到的景色肯定更好。"和杰罗甘一样，我也很羡慕那些登上政治版头条的同事，而我却只能写写日常小事；另外，我也和杰罗甘一样，每天陪伴着蹒跚学步的孩子们，过着日复一日的疲惫生活。以上这些，曾经让我在一段时间里态度消极，甚至不想思考，换个角度说，我时常对当下舒适的郊区生活感到不满意。

现在，托奇神奇地验证了我的人生抉择。或许在它来我家之前，我就早已做好了选择，而它的出现让这一切更加合理，也更加完满。作为典型的婴儿潮一代，我总在不同地方寻找着生活的意义，但或许问题的答案近在眼前。狗狗每天都在提醒我，照顾另一个生命会让人多么充实。我喂养它，温暖它，爱它，而它向我展示了一个理想的世界，在这个世界里，无论一个人的成就是高是低，无论被视为什么样的人，都可以毫无保留地珍视自己。

托奇以一种每天都让我惊叹的方式，一步步改变了我。我不仅曾自诩为一个头脑清醒的人，而且还非常喜欢独来独往。小时候，我从来不会参加那种多人合作的球队，而是选择一个人游泳。我也从来没有在管弦乐队里演奏过乐器，而是选择了钢琴独奏。从很小的时候起，我就对社交有些犯怵，我常常想，一个人待着是最好的，我觉得保持沉默能让我身心愉快，比起说话，我更喜欢用文字交流。

第一个打开我心房的，是我的先生，后来，孩子们的到来更加释放了我的内心。还记得当年，妇科医生用探头在我的肚子上检查时，突然问我："如果有两个孩子，您觉得怎么样？"当时我以为她在开玩笑，而且这玩笑不是很好笑，但后来我才意识到，屏幕上的两个白点意味着双胞胎。我一次生了两个孩子，但实际上，我们一共有 6 个孩子，我的先生从第一次婚姻中带来了 1 个儿子和 3 个女儿，当时他们都已经十几岁了。

随着一个大家庭的建立，我开始发生了转变。作为一位母亲，我不再把自己看得最为重要，而是甘愿退居次要地位，而这带来了一种新形式的自由。孩子们教会了我：感情越深，我才能感到越自由。而后来，托奇用它执着的爱彻底俘获了我的心，它能在很短的时间内给我充分的反馈，甚至比人类幼崽更加生动有趣，我从中收获颇丰。

最初，我是为了孩子们才买下的托奇，但我从狗狗身上得到的，比孩子们得到的还要多。它把我变成了一个更自由的人，也许还是一个更好的人。正是不会说话的动物，教会了我更用心地交流，让我拥有了更精准的沟通能力，做起事来也越发周到。我不再总是想要取悦别人了，甚至有时，我还甘愿承担与人争论的风险。托奇让我明白了，当你能清楚地表达自己的愿意和不愿意时，生活反而会变得更容易。如果说曾经的我总是逼自己像变色龙一样适应环境，那现在的我就是在勇敢地成为自己。在此期间，我内心两种相互冲突的势力——不安全感和傲慢——也逐渐实现了平衡。

　　现在，我自己的孩子们也都18岁了，托奇仍时刻给予着他们无条件的爱。就在不久前，当他们在一处湖泊里游泳时，托奇不停地低声叫着，直到他们游回岸边，它才安静下来。孩子们逐渐长大成人、走出家门，狗狗在这个不断变化的过程中，一直给人们带来安全感，而且成为了联结几代人的重要纽带。

　　作为一个成年人，狗还可以带你梦回童年。小时候，我们会感受到巨大的快乐，就如同我们会感受到巨大的悲伤。弗洛伊德在关于精神分析的讲座中曾说过，孩子既不懂得自负，也不明白傲慢，更不知道人与动物之间的鸿沟。只有通过后天的教育，障碍才会得以产生，约束才会得以建立。在长大的过程中，人开始反思自己，并且不可避免地陷入对自我身份的深深怀疑之中。我曾经在于尔根·克尔纳（Jurgen Korner）所写的《狗兄猫妹》（*Dog Brother & Cat Sister*）一书中读到过这样的话："因为人能够看到自己，所以自己也成了一个谜。"克尔纳是一位精神分析学家，而且，他经常强调自己也是一位狗主人。多年来，他一直致力于研究人与动物的关系，在他看来，人与动物的关系就是一部"人类向往原始"的史书。

和托奇在一起，让我意识到自己的生活应该更有趣，意识到我对自己原本不必如此严苛。我应该欢快、自在地行事，而不是总僵硬地困于严肃中。托奇把我内心深深埋藏的东西挖掘了出来，释放了我无拘无束的天性，让我重回童年。和托奇在一起的这些年里，我逐渐卸下重负，变得更轻松也更灵活。它确保了我每天都有一个清醒的开始，让我在起床后能迅速进入状态，而不是花很多时间在卫生间里磨蹭，或是在衣橱前左思右想。我已经能仅仅穿上一双旧运动鞋、套上一件毛衣、披上一件夹克外套后就带着托奇冲出去，而当我们回来时，托奇也许会拖着一根小树枝，就像我小时候旅游会带回纪念品一样。我想起了儿时在地中海度假时，我带回来一个海草绒球，还特意把它放在了书架上。

狗教会我要立即行动，而不是陷入虚无的空想。跟托奇在一起的每一天，我都会面对新的问题，这让我感到自己深深扎根于现实世界中。怎样才能让这个45千克重的调皮家伙尽快上车？它是几个小时前排便的？排泄物什么样？我不仅要处理这些问题，还会经常和托奇说话，就好像狗狗可以回答我的问题似的。在一些人眼中，我或许有点滑稽，但我并不觉得自己可笑。

　　在我写这本书的时候，我其实还存在着一些困惑——一个人能够改变自己，甚至重塑自己吗？尤其是在已经50多岁的时候。人们总是说，随着年龄的增长，一个人已经具备的性格特质会不断加强，让人越来越固执，这是真的吗？为了验证，我决定采访自己身边的人。我写了一封邮件，询问了家人、好友以及多年的老同事们，问他们是否注意到我在过去几年里发生了哪些变化，我是否被狗狗变成了一个更随和的人？还是因为养狗而变得糟糕？

　　发出邮件的当天晚上，我收到了第一条反馈，它来自我的哥哥。"没有，狗完全没有改变你。"他告诉我。看到他的回复，我的情绪有些失落，难道狗狗带来的改变，真的只是我自己的想象吗？

　　第二天，更多答案纷至沓来。一位家住汉堡的朋友写道："你变得更加脚踏实地，更着眼于现实的生活，更接地气了！你变得更在意内在，而不是'外表'。"另一位朋友则告诉我："我想不到你会为了给托奇创造一个好的环境，而在房子的入口铺上难看的保护地毯，我也很难相信你会给狗起名叫托奇。这两件事一点都不时尚，但是非常可爱。"

然后，新答案一个个接踵而至：他们说我变得更好沟通了，对自己也更宽容了；我更放松，更有活力，更自信了；我说话不像以前那么绝对化了；我更温和，更懂得平衡了；我对别人和自己都不再那么严格了；我更随意，更懂得珍惜了。

我的妈妈是受访者中认识我时间最长的人，她是这么回复我的："托奇改变了你对完美的苛求。当你看到并且感觉到它是多么爱你、多么渴望你的关注的时候，它把你也变得更友好了。你现在经常会开怀大笑了，没错，你确实有了许多积极的改变。"其他的家人也给我回了信，其中住在伦敦的大儿子说："嘿，我觉得你变得更冷静了。"双胞胎孩子中的一个则说："你变得更平易近人了。"还有，我们最小的孩子丽贝卡也表示："你的感情更外露了，你开始向我们敞开心扉。"

还有一位朋友，她多年前因为和狗狗合不来，不得不放弃养狗，她这样告诉我："和我的经历不同，你和你的狗之间相处和睦，而且互动默契。就像你和人的交往一样：克制，甚至有所保留。但是，你始终是一个温暖的人，你和托奇相处，就像和身边的人打交道一样。你不会像个孩子，但你也不会像个保姆。你细心、体贴、公正。总的来说，我没有注意到你的行为有什么巨大的变化，但这也许就是最了不起的地方，因为你觉得自己变了。"

最后，我一共收到了 15 条反馈。其中 12 条都认为我发生了变化，如果我把这些发件人和我相识的年数加在一起，得到的总数是 646 年，这么一想，这结果听上去还挺可信。

许多回复都表示，我对杂乱和污垢的忍受度比以前强了太多："以前被清洁得一尘不染的房子，因为有了一只大狗住在里面，变得不那么完美了，但却让人放松了。"而且，一些人的回答是如此地态度鲜明，以至于我真想知道自己在养狗之前，到底是有多么严以待人且待己。

当然，这种变化也和年龄有关。2005 年，莫妮卡·马龙在法兰克福的一次诗学讲座上谈到，年龄的增长使我们越来越像动物："年龄和死亡无情地把我们从人类的秩序中拉到自然的统治下。当我们的大脑逐渐退化、器官衰竭时，文化无法再拯救我们，我们和动物一样接受着相同的法则。"马龙的小说《唉，幸福》中，主人公曾问自己：为什么这么晚才开始和狗做朋友？是不是一定要先感受到年龄的威胁，才能懂得这一点？

以我自己的情况而言，托奇来得恰逢其时，它及时阻止了我那些令人不太愉快的品质占据上风。托奇帮我过上了更正确的生活，这不是道德意义上的正确，而是生活质量意义上的更好。我50多岁了，而今我在穿着齐地长的花式潮人连衣裙时，会感觉自己太棒了；在小屋滑雪时，我用奥地利小吃皇帝煎饼（Kaiserschmarrn）配上李子烤肉做午餐，会觉得太开心了；在妈妈生病时，我会主动把切好的苹果放在她床头，并且认为理应如此；半夜两点的那场雨，也会因为狗狗需要出门，而不会让我感觉有什么不合适；甚至连养第二只狗的提议，我也觉得太有道理了。

就在前几天，我和托奇在树林中遛弯时偏离了小路，走进了灌木丛中。托奇一开始还有些惊讶，但随即很是兴奋，仿佛我们又同频了。我们在倒下的树干上行走，并保持平衡，对巨大的根球感到惊奇。脚下的树叶沙沙作响，树枝断裂，空气中散发着松树和云杉树脂的香味。我在树林里越跑越远，忘乎所以，轻松自如，紧挨着我的，是我的狗狗，我的同伴，也是我的挚友。